张一洵 著

老板进化论

从创业到卓越

上海财经大学出版社

图书在版编目(CIP)数据

老板进化论:从创业到卓越/张一洵著.—上海:上海财经大学出版社,2023.8
ISBN 978-7-5642-4130-8/F·4130

Ⅰ.①老… Ⅱ.①张… Ⅲ.①企业经营管理 Ⅳ.①F272.3

中国国家版本馆 CIP 数据核字(2023)第 060550 号

责任编辑　肖　蕾
书籍设计　桃　夭
封面题字　王乐勤

老板进化论
从创业到卓越

张一洵　著

上海财经大学出版社出版发行
(上海市中山北一路 369 号　邮编 200083)
网　　址:http://www.sufep.com
电子邮箱:webmaster @ sufep.com
全国新华书店经销
上海颛辉印刷厂有限公司印刷装订
2023 年 8 月第 1 版　2023 年 8 月第 1 次印刷

890mm×1240mm　1/32　9.125 印张(插页:2)　195 千字
定价:68.00 元

老板，

作为企业的掌门人，

应专注于哪些核心事务？

如何使自己的认知不断进化，

以提升企业的经营效率，

有效防范企业危机，

增强企业竞争力？

序一

图书市场上有大量关于企业管理的书籍，但针对中小企业管理，尤其是立足于中小企业老板的立场来探寻管理问题解决之道的书籍依然稀缺。中小企业大多由个人设立，由于受到各种因素的制约，老板们面临的问题更基础、更繁琐，因此很难形成体系化的管理思想。老板们要面对诸多生存与发展的问题，难以集中精力对创业过程中的思想感悟进行系统性的回顾和总结；一旦他们取得创业成功，就要面临新的更加棘手的问题，更无暇提炼自己的创业心得，而这些宝贵的创业感悟和管理思想恰恰是大多数中小企业实现成功蜕变的关键所在。这些成功企业家将自己创业的感悟或管理思想向社会公开，但由于人们急功近利的心理，希望直接得到成功的"秘籍"，忽略和误解了那些具有核心价值的东西，或一知半解地把它们用于"拔苗助长"，而很少踏实、深入地认识这些大白于天下的"秘籍"。

回顾自己多年来创办企业的经历，我深知中小企业面临的许多困难。创业者们渴望学习别人成功的管理理念和经验，但由于上述种种原因却会走偏。中小企业数量庞大，大多数老板都是从最基本的生意做起，在实践中积累的管理经验是他们取得成功的利器。但当企业进一步发展时,如果不能突破这些固有的经验,它们会成为企业提升管理层级的最大束缚。如要有所突破,企业首先需要从一些固有观念着手。企业的掌门人只有认识到问题的本质和内在的联系,才能将自己的重心放在核心问题上,运用这些理论或方法,并把这些认识变成自己的管理智慧。

企业的掌门人,既是企业的哲人,也是企业经营管理哲学的布道者。一个企业如果没有自己真正的经营管理哲学,犹如人没有灵魂一样,在面临重大选择时,常常会迷失方向。

最近,我通过好友得知有这样一本针对中小企业老板提升管理认知的书籍——《老板进化论》,令我心中甚是安慰。该书作者曾在美、德、日三种文化迥异的世界百强企业担任管理者达十余年,又在国有大型投资企业从事相关管理工作近十年,再转战到民营企业从事管理工作,并将自己十余年在民营中小企业深耕的所思所悟汇编成书。书中,作者与中小企业管理者、创业者促膝交流,贴心地讲述一些精心挑选的管理理念与实践案例,以帮助企业加深对管理的认识,并提供一些解决问题的具体方法。由于作者特殊的工作经历,想必他在民营企业感受到的反差一定非常大,因此对民营企业管理有所审视,更容易洞察问题所在,也更能感受到这些企业提升管理能力的必要性和重要性。我认为作者做了一件对中小企业发展很有意义的事情。

从结构来看,本书从"人的问题""钱的问题"两方面剖析企业老板面对的管理问题,脉络清晰。

上篇"人的问题",主要破解企业如何提高经营效率这一老大难问题。上篇从老板提升自身的领导力入手，如培养和提高识人与用人的技能、掌握决断的原则和方法、培养对问题的预见性等，提高指挥和统筹的效率；针对合伙制的构建和合伙人之间的有效协作，提出与股权比例非对等的分配机制，以加强合伙人之间的资源整合，充分调动合伙人的积极性；运用实用的激励理论和各种股权激励的工具帮助企业实施有效团队激励，给出一些实用的建议和方案；直面企业中普遍存在的董事长与总经理的权力边界不清、容易产生权力冲突的问题，探讨权力制衡的方法。

由于作者在文化差异极大的外资企业、国有企业和民营企业长期工作，因此他对企业文化有高度的敏感性，对企业文化的作用有较为深刻的理解和清晰的认知。作者从儒、道、法、佛及农耕文化等方面深入挖掘民族传统文化对人们思维和行动的影响，有助于塑造适应企业发展的企业文化，形成有利于企业发展壮大的群体思维和行为惯性。

下篇"钱的问题"，讲述企业如何借助资本手段扩张。股权融资时，企业首先需对各类投资人及其游戏规则有正确的认识和了解，引进合适的资本，防止出现事与愿违的结果。书中通过一些在中国经济发展过程中具有里程碑式的案例，直观地说明问题产生的根源和演化过程。债务融资时，企业应正确选择债务融资的规模和方式，充分认识财务危机产生的根源，掌握防范、化解和挽救财务危机的不同方法。

全书既有实用精简的理论做支撑，又有解决问题的方法，从总体上看，偏重实务。在解决实务问题时，作者尤其重视老板对问题本身的认识。作者通过与老板和创业者们喝茶聊天的方式，引出问题并加以解决，避免了空洞的大道理和让人厌烦的说教。

本书讲述了企业管理中从人到钱的问题，把人性的影响因素贯穿其中，在充分尊重中国本土文化和管理思想的前提下，用西方的管理理论和方法作为有效的补充，从尊重和引导人性、开发和挖掘人的潜能的角度寻找提升企业经营效率的有效方法。

尽管作者有多年在跨国企业和体制内企业工作的经验，但他对民营中小企业依然带着浓厚的情感。正如作者所说："中小企业将是创新与发展的主力军，中国制造业创新、转型升级的大部分机会存在于中小企业之中。借鉴德国制造业发展的成功经验，这些中小企业在未来将成为无数个'隐形冠军'，将成为细分行业中的龙头企业，改变人类生活的明星企业一定会涌现，而这样的梦想不能断送在无效的企业管理和不健全的管理认知之上。"他对中小企业主创业的辛苦和心酸感同深受，带着一种情怀或使命感来帮助民营中小企业或初创企业寻求解决问题的出路。

我衷心地希望本书能对众多的中小企业管理者的认知有所启迪，同时对创业者的创业过程有所裨益。

上海来伊份股份有限公司　董事长
2023 年 6 月

序二

我与本书作者的相遇源自好友周凤学,他曾任多家上市公司的高管,有丰富的企业管理经历。多年来,我一直在央企工作,也有机会到一些民营企业调研,学习他们的经验和做法,以便相互交流、共同进步。我和周总经常相约喝茶聊天,共同探讨企业管理的问题,交流中常常碰撞出一些火花。而作者是周总的多年好友,在外企、国企、民企都担任过高管,善于思考,勤于总结,笔耕不辍,进而成书。作者邀我为此书作序,本人欣然落笔。

《老板进化论》采用与一些老板朋友、创业者喝茶聊天、对话交流的方式,将一些严肃的企业管理问题的探讨场景化、温情化,营造出温馨、开放的氛围,进而活跃大家的思维。

本书聚焦中小企业向大型企业发展过程中,老板自身不断进化的必然要求,总结老板必定会面对的八个核心问题,立足从人的方面解决企业经营效率的问题,借助资本的力量推动企业的发展壮大。这对大多数企业的老板、创业者具有重要的参考价值。

很多企业的根本问题都归结为人的问题。要做好企业,老板自身首先应具备优良的领导能力。其次,老板要对团队进行有效激励,既需要一定的激励理论支撑,又要采取一些合适的激励手段。作者没有回避老板与总经理之间权力分配与制衡这一敏感话题，强调处理好二者关系对企业管理的重要性，并给出很好的建议。

书中还介绍了老板建立良好的企业文化以巩固来之不易的经营成果。作者在不同文化背景、不同体制企业的工作经历，使其深知企业文化对企业管理的重要影响。因此，他深入研究中国传统文化对企业家和企业团队行为的影响，并将其作为企业文化建设和管理的重要立足点。

作者阐述了中小企业老板面对人才和资金极度短缺的困境时经营企业的不易。本书简述了各类投资人及不同资本的性质，并精选一些经典的案例来深入解析企业引入资本的相关知识，为企业决策提供参考依据，防止出现事与愿违的结果。

企业危机，尤其是财务危机是企业风险管理的重点，对此企业最高决策者需要高度关注。书中关于债权人与危机管理的经典案例为企业的最高决策者敲响了警钟。

本书立足于中小企业管理实践，从企业最高决策者的角度剖析和解决问题。只有在老板首先进化认知的前提下，企业才能尽快发展壮大，最终实现老板的进化和企业发展的相互促进。

原中国建筑工程总公司　副总经理
2023 年 6 月

序三

我听说爸爸一直在书房里埋头写稿。妈妈说,近两年来,只要一有时间,爸爸都是这样。我特别好奇:写什么东西需要爸爸投入这么多精力,花费这么长的时间?

我经常在电话里和爸爸聊天,我俩什么都聊,但爸爸唯独对这件事始终只字未提。好几次我都有点忍不住想问问他,可话到嘴边还是打住了。

我上中学、大学的时候,爸爸经常带我参加他的朋友聚会。爸爸的朋友有的在国企工作,有的在民营企业做老板,他们的言谈举止让我感觉特别有范儿。这萌发了我的梦想:将来要像他们一样做老板。近几年他们的聚会地点改在了茶舍,形式简单了许多。我在假期曾参加过几次他们的活动,听到更多的是他们遇到的各种各样的问题,感受更多的是他们对经营企业的担忧和焦虑,但这并不影响我对他们的崇拜,自己依然做着同样的梦。

工作几年后,我开始着手准备创业。我会在电话里和爸爸讨论一些具体的项目,还经常讨论团队和资金的问题,爸爸总能给出一些忠告。很多时候,我也会对爸爸讲述的一些道理有些不耐烦,总想直接得到符合自己心性的答案,一心只想学到一些马上能解决问题的方法,而不是从根本上认识问题。结果是一个问题得到解决后,依然不知道下一个问题该怎么解决。事后想想,我觉得自己太浮躁,心静不下来。古人说:"授人以鱼不如授人以渔",但人们在现实中却常常忘记这个浅显的道理。

有一天,爸爸在电话里突然夸赞我的文笔。他告诉我,他利用空闲时间写了一本书稿,希望我有空能帮他修改稿件,对文字做一些润色。

我对此期待已久,收到书稿后,一口气读完,被书稿的内容深深地吸引。书稿讲述的是关于老板管理企业的几件核心大事,满满的干货,观点毫无保留,从对问题的认识到实务操作,可以说是倾囊相授。

爸爸让我替他修改一些内容,我也很想为爸爸做点什么,可我认真读了三四遍书稿,却感觉无从下手。虽然写作是我的拿手好戏,但面对爸爸的书稿,我却几乎修改不了什么。我似乎明白了爸爸的用心:醉翁之意不在酒。

最初,带着修改文字的目的,我仔细地阅读书稿。我渐渐地理解了书稿中的知识和思想,明白了其中讲述的道理,对创业、经营企业有了较全面的了解,拓展了对企业经营管理的认识。尽管有些东西现阶段我可能还用不到,或者以目前的阅历还不能透彻地理解,但更重要的是我对创办和经营企业可能出现的问题有了充分的思想准备,也对此产生了敬畏之心,对一些问题会更加严肃对待,还时刻提醒自己:创业要克服浮躁和功利的心态。

我对爸爸说:"您的稿子,我认真地看了好几遍,改动不了什么，但从中我很受益，我想为您写一篇序文。"

电话那头的声音略微有些颤抖，我能感受到爸爸的心情。"太好了，谢谢我的宝贝女儿。"爸爸说道。瞬间的激动和兴奋过后，我又听到爸爸平常的语调，我们仍像往常一样继续聊天。

之后我们就书稿的内容进行了多次通话，我谈了对书稿中一些问题的理解和看法，虽然我始终没能听到爸爸的"坦白"，但内心有一种说不出的幸福，深深地体会到那种厚重的情感。

父爱如山，深沉静默。

张婉婷

2023 年 5 月

前言

由于社会的急剧变化，特别是互联网和自媒体的蓬勃发展，许多传统词汇都发生了异化，比如"老板"这个词，泛指上级领导或有钱、有权之人。这里，我们回归"老板"一词的本意，即企业的所有者，他们对企业投入了各种宝贵的资源，并对企业的发展和前途负责，将自己的命运和企业的生存与发展紧密地连接在一起。

这些年，我的心静了些，常常与一些老朋友到郊外一处环境清净的茶舍相聚喝茶。这些朋友都是一些"老江湖"，以老板的身份在商界摸爬滚打了很多年，喝茶聊天也成为他们放松身心的一种方式。大家除了在一起海阔天空、谈天说地外，也倾诉在经营过程中遇到的烦心事，谈论在经营管理中遇到的困难，探讨解决问题的对策，分享管理企业的心得。后来，一些意气风发的年轻创业者加入。这些创业者在创办企业的过程中遇到许多困惑，与这些资深老板们直接对话，以期获得一些有益的启发，探寻解决问题的思路和方法。

我作为企业管理团队中的一员，对他们的各种困惑感同身受。在企业发展过程中，无论是行业大佬，还是中小企业的老板，或者是揣着金点子的创业者，都会面临无数的考验。知名企业的成功经验在一般企业中难以复制和借鉴，因为这些企业所具有的内外部条件、成功的因素和一般的企业差异太大，其中一些成功因素又被内部或外部人士有意或无意地做了包装处理，所以失去了借鉴的意义和应用的场景。

在中小企业中，老板作为掌门人，面对资源的匮乏和管理决策的困惑，茫然无助。身为企业的当家人，老板是辛苦的、孤独的，其心情压抑。他们有许多话无法与他人讲，讲了也未必会有人真心聆听，聆听的人也未必都能理解。面对棘手的问题，老板常常不知从何处下手，有时不知道该信任谁，陷入孤家寡人的困境。

虽然过程痛苦，但是梦想伟大。中小企业将是创新与发展的主力军，中国制造业创新、转型升级的大部分机会存在于中小企业之中。借鉴德国制造业发展的成功经验，这些中小企业在未来将成为无数个"隐形冠军"，将成为细分行业中的龙头企业，改变人类生活的明星企业一定会涌现，而这样的梦想不能断送在无效的企业管理和不健全的管理认知之上。

年轻的创业者的加入，对我的触动很大。我脑海中闪现一个念头：如果将我们探讨的话题精心挑选，编撰成书，和更多的企业管理者、创业者来一场对话，立足于他们共同关心的问题，结合中国的文化习惯、西方成熟的管理理论、前辈们的实践经验和管理心得、解决问题的思路与方法，分享给更多需要的人，不亦善哉？

借用茶文化中的和、静、怡、真等元素，我在闲适淡定的环境中以茶待客。面对企业成长中的烦恼和困惑，以彼此贴心交流的方式会友，品茶而思，以茶悟道，不失为消解企业管理中的痛点、寻求解决问题的思路和方法的有效途径。

掌握企业管理的知识对老板经营企业来说必不可少，但掌管企业更需要智慧。知识仅可看作一种静态的信息，智慧则是对知识的灵活运用，而认知则是由知识通往智慧的桥梁。对企业的决策者来说，首先应当是企业经营管理思想的启蒙者和哲人，对管理中存在的问题有清晰的认知是获取管理智慧的前提，有助于从根本上解决问题。本书以老板经营企业的相关管理知识为起点，重点阐述对这些问题的认识，同时也给出了问题的解决方法和实务操作的建议。

企业生存离不开钱，企业发展离不开人，钱的问题和人的问题是企业发展的两个重要方面。在资本充足的时代，钱的问题相对容易解决，而人的问题既重要又复杂。

从某种程度上讲，中国经济进入存量时代，竞争愈加激烈，经营效率成为企业生存和发展的核心问题。效率问题的本质是人的问题，只有解决好人的问题，才能充分调动团队的积极性，最大限度地发挥员工潜在的动能，最终提升企业整体的效率。

要解决好钱的问题，老板需要对投资人、债权人和资本的游戏有所认识，对企业的控制权有所规划，对债务融资产生的风险有足够的危机意识。

本书包括八个方面的内容，分为上、下两篇：上篇是"人的问题"，下篇是"钱的问题"。在下篇"钱的问题"中，由于中小企业的行业种类众多、跨度极大，要在一个章节中总结出"赚钱"的共同点——盈利模式，难度太大。因此，我权衡再三，将这一章略去，使下篇"钱的问题""若有所失"。图书市场上有许多关于这一主题的专著，它们对企业的商业模式和盈利模式都有全面的讲解，本书也只有"抱残守缺"了。

书中选用的一些经典案例有较大的社会影响力，而且最近还有后续新闻报道。经过时间的沉淀，这些案例已盖棺论定，因此更具有说服力，但也不免给人一种陈旧感。如果将来有机会修订此书，我希望增加一些更具时代感的案例。

我希望本书对于正在经营企业的老板和有志于创业的人士有所帮助；希望能帮助职业经理人团队从老板的角度思考问题，与企业保持高度统一的行动，更好地为老板出谋划策，管理好企业，也助力自己在职业道路上的成长。

茶已沏好，我们这就开始。

目录

上篇　人的问题

第一章　效率之痼 / 3

存量竞争时代,效率是应对激烈竞争的关键,但提高效率需要系统化地解决人的各种问题。老板如何治疗这一顽疾?

向西还是向东 / 3

人性的引导 / 6

第二章　老板的领导力 / 10

要发挥领导力,老板需具备哪些品质或修养,才能做到知人善任,充分发挥团队的才能和潜力,并使自己做出英明的决策,受到团队的爱戴和拥护?

识人 / 12

善任 / 24

善断 / 30

预见性 / 36

个人魅力 / 41

第三章 合伙机制 / 43

如何构建合伙制才能做到互利共栖？主要创始人如何把握企业控制权？如何避免股权陷阱？如何通过非对等分配调动不同合伙人的积极性？

不同的合伙初衷 / 45

合伙人的选择 / 51

企业控制权 / 54

股权分配 / 58

股权缺陷 / 62

非对等分配机制 / 67

合伙人退出机制 / 72

第四章 有效激励 / 75

公司的业绩和人员规模上了一个台阶，高管团队和员工的工作积极性却越来越差，工作效率越来越低。老板如何解决团队激励的问题？

似曾相识的团队 / 75

理论精要 / 78

相得益彰 / 85

股权激励 / 89

理性与真诚 / 96

实施心得 / 102

第五章　权力分配与制衡 / 105

由于受精力和能力的限制,因此老板引进管理团队、聘请总经理。如何妥善处理老板与总经理的关系,避免权力之争?

代理人问题 / 106

理想状态 / 109

历史的警示 / 112

直面问题 / 118

第六章　企业文化 / 125

为什么成功的企业热衷于企业文化建设?中国文化如何影响企业文化?企业如何塑造自己的企业文化?

熵增定律 / 126

企业文化的要素和理论 / 131

民族文化与企业文化 / 139

文化塑造 / 159

落地实施 / 166

下篇　钱的问题

第七章　投资人及资本游戏 / 173

老板如何利用资本扩张?各类投资人的特点和资本的游戏规则是什么?老板在增资、对赌等股权融资中如何保护自己的控制权?

认识投资人 / 174

投资人的关注点 / 180

资本的游戏规则 / 182

控制权问题 / 186

互利共栖 / 201

企业重组 / 204

第八章　债权人及危机管理 / 214

债务融资是企业融资的另一种重要手段,但如果管理不善则会导致财务危机和经营危机。面对企业危机,老板应如何强化危机意识和制定应对策略?

债务融资 / 214

融资决策 / 218

企业危机 / 220

危机管理 / 232

企业重整 / 235

附　录　股权激励操作实务 / 241

后　记　沉浮与归属 / 259

致　谢 / 267

参考书目 / 270

上篇

人的问题

第一章　效率之疴

没有哪个行业不饱和。存量竞争时代，效率是应对激烈竞争的关键，效率与人密切相关，提高效率需要系统化地解决人的问题。但人的问题很复杂，如果没有找到突破口，问题会循环往复地出现。作为企业一家之长的老板如何治疗这一顽疾？

向西还是向东

小时候我被外婆带去看一名老中医，因为这位老中医名气很大，所以诊室外面的长凳上总是坐满了候诊的人群。老先生行为悠然，问询病况时态度和善，与病人交流时的温文儒雅给我留下了深刻的印象。无论求医者心情多么迫切，情绪多么焦虑，他总是一副胸有成竹的神态，让病人焦躁的心情很快安定下来。这反而让他能够充分观察和了解症状，冷静诊断病情，然后对症下药，且疗效显著。

受现代快节奏生活的影响，人们渴望采用立竿见影的手段和方法，希望迅速地解决遇到的问题，如同病人一进入医院，总希望医生开出速效药，或者直接用手术解决病灶。也许正是由于这种心态,选择西医治疗的人越来越多,中医普遍遭遇冷落。

中医和西医是两个不同的医疗体系。西医是头痛医头,脚痛医脚;而中医是把人当作一个整体来看,比如病人眼睛红肿疼痛,西医会针对眼睛来治疗,而中医则完全不同,它会给病人倾泻肝火、疏肝养肝,甚至还会给病人开具一些调和脾胃的药物。在中医看来,整个人体就是一个庞大而完整的系统,眼睛红肿疼痛的病根不一定在眼睛上,而可能在肝上,而肝部有问题又会影响脾胃。由此看来,中医不仅把当前的病症给治了,还顺带帮助我们调养了身体,可谓一举多得。而西医的治疗尽管对局部病况直接高效,但对保持人体这个严密系统的健康和良好的状态而言,方法显得有些简单、功利,难以系统化地解决问题。

一个企业良好的运转体系犹如人体系统,它们相互支持、相互影响,是一个系统工程。如果老板想要提升企业运转效率,就必须将企业各系统调理到健康状态,需要像老中医那样,从根本上排摸病症,分清轻重缓急,排出先后顺序,逐个解决问题,而且需要留足时间让团队之间相互磨合和相互适应。

在竞争激烈和快节奏的背景下,人人都被迫遇事单刀直入,遇到问题总希望马上寻找"速效药",或寻求外科手术式的快速解决方案。企业的问题如果被孤立地看待和解决,就如同"按下葫芦浮起瓢",整体的高效很难体现,结果自然不尽如人意。老板们如果保持事急则缓、事缓则圆的心态,用冷静的态度深入剖析企业的问题,对问题首先有一个系统化的认识,反而容易找到组合性的良方,使各个系统都得到治理和调养,恢复各系统自身的机能,达到协同高效。老板如果太心急，太过功利，就会欲速不达。

西方管理学提供了许多企业管理理论和工具，现代商学院也倾向于教授西方流行的管理理论。如果单纯使用这些管理工具，从企业运行的实际效果来看，和预期有较大的差距。

大多数老板都意识到企业管理的核心是人，为吸引人才制定了不少政策，求贤若渴地招揽人才。

西方企业把人当作资源来开发，把我们称呼了几十年的"人事部"称作"人力资源部"。现在国内企业几乎清一色地把"人事部"改称作"人力资源部"，人们对这一新的称呼也已司空见惯，似乎称呼这么一改，就把人当作企业的资源可以直接利用了。人力资源，人是主体，是根本，具有思想意识，需要通过开发和利用，人力资源才会成为企业的资源。在没有真正搞清楚主体的思想和行为意识的情况下，跳开了开发这个决定性的环节，直接利用其资源潜能，人力会发挥作用吗？

既然管理企业的主体是人，企业管理的对象也是人，企业要开发利用人的价值和作用，就应该深入挖掘和了解他们的文化习惯、思想、行为特征，基于这些认识分析和解决人的问题。西方管理学对人这个主体做过深入的研究，它的科学性、合理性已广泛被人接受，开发的效果也已呈现在人们面前。但被开发的对象是西方人，他们的宗教信仰、社会价值观、文化观念等思想意识与我们有很大的不同，行为与我们也有较大的差异。缺少了对"本土人"这个主体的研究，在没有消除文化、心理、思想意识、行为等差异的前提下，直接用西方理论和工具来粗糙地开发国人身上的资源潜能，效果自然会大打折扣。

中国人独特的思想文化体系,来源于传统思想文化和观念。即便国人没有系统学习传统思想文化,经过几千年不间断地浸染,这些文化思想也都已经流淌在国人的血液里,已成为国人不自觉的潜意识,成为指导人们行动潜在的指南,成为中华民族的性格和精神气质。中华文明浩浩汤汤,长期在这种文明中熏陶的人们,其思想体系、思维方式到底是什么样的?有什么本质的性格特征?这些问题都是人力资源开发的根本性问题。

尽管中国现代的企业管理理论和思想尚未形成,但自古以来国家治理和治军的思想却闪烁着东方智慧,而且深入国人的骨髓。既然借助西方的理论和工具不能很好地解决现代中国企业的管理问题,那么在向西和向东问题的选择上,中国企业的管理思想可以从具有广泛国民基础的传统的军队和国家管理思想中嫁接和移植,从中国传统文化的土壤中汲取。

管理的对象是相互有一定差异的个体,如果没有统一的行为规范,自然会阻碍群体自觉、自愿地执行。如果依据国人自己的文化思想体系和潜在的意识,运用中国传统的管理思想,充分尊重国人的性格特征、行为、思维习惯等,再结合运用西方的管理理论和工具方法,达成企业的管理目标就会容易很多。

人性的引导

由于企业的核心是人,因此一定会面对人性。随着大脑越进化，人类更加擅长思考，懂得要更好地生存。人性的主要表现是希望自己更好地生存，追求相对优越感。人性有利己、嫉妒、贪婪、好逸恶劳、虚荣、支配欲、好奇等多种表现，但基本上都离不开"利己"这个中心。它既有物质方面的表现，也有精神方面的表现，其根本目的都是为了生存有更多的安全感和优越感。人性在意识的底层决定人们的观点和倾向，支配着人们的行动。

人性和道德是对立的。人性以"想要"为出发点，立足于自身的利益；道德以"应该"为出发点，调整人与人的关系和行为，抑制人性的过度发挥。如果失去了道德，人便会成为禽兽，人性与道德的挣扎和较量从来就没有停止过。

人是环境的产物，只有好的环境和制度，才能激发出好的人性，反之亦然。人性的特点是趋利避害，它追求美好生活的本性，是人类社会发展的动力，是激发个体活力的源泉；它兼具善恶，在商业活动中可以把人性引导至积极的一面。

从古至今，人性是人与人之间最共通的东西，它不仅跨越国界、民族、语言和文化，而且穿越历史，亘古不变。然而，在儒家"道德至上"思想占据主导的社会里，人们普遍认为人性是自私、邪恶的。一提到人性，人们的自然反应就认定它是负面、消极的，受含蓄的中国文化的影响，人们更加不愿意公开地提及人性的问题。在解决企业有关人的问题时，人们有意或无意地回避了人性的问题，妨碍了对这些问题的深入剖析，无形中加大了破解问题的难度。避开了人性这个底层的驱动因素，解决企业有关人的问题如同隔靴搔痒，难以奏效。

在和老板们的交流中，员工也不时地洞察到他们流露出的人性之"光"。比如老板认为企业平台是自己搭建的，资金是自己投入的，风险和压力是自己承担的，企业的利润理所当然归自己所有，与大家分享一些经营成果是老板的恩赐。员工则认为这些分享是自己的价值所得，是自己应该分得的。老板认为员工不知感恩，员工则认为老板不认可、不尊重他们创造的价值。双方从各自的利益和认知出发，人性在这里开始充分暴露和发生冲突。

这些人性的暴露造成了双方无形的对立，必然影响士气。员工的这些消极情绪，如果没有得到及时处理，就会引起连锁反应，滋生出更多的问题，最终导致人心涣散。企业失去了合力，企业的效率自然无从谈起。

在当今商界，人们普遍认为："大趋势""人性"是企业成功的两大基石。趋势更多地体现为行业发展的惯性和行业周期。人性，则支配着团队的价值取向和人心向背，支配着团队对利益追逐的动力，决定着企业的效率。

既然人性是无可避免的存在，人性作为人类社会发展的潜在动力来源，其积极的一面可以被利用，为企业发展服务。管理的本质，是对人性的洞察及对人性欲望的驾驭和引导。通过对人性的积极引导，我们可以激发团队强烈的欲望，让团队爆发出能量，推动企业的发展与壮大。

任正非先生被称作"人性管理大师"，他合理、巧妙地激发、引导众多个体的欲望来达成组织的目标，华为爆发出的惊人的能量已经被世人感知。

记得曾有一位知名教授提问任正非："企业都有核心竞争力，华为的核心竞争力一定是人才吧？"

面对教授的提问，任正非马上坚定地予以否定："不是！"

随后他给出解释："人才怎么会是企业的核心竞争力呢？真正的核心竞争力是对人才科学有效的管理和利用！"任正非说出了管理的精髓。

差之毫厘，谬以千里。

以任正非对华为的贡献，华为大部分的股权和利润归于他也合情合理，但任正非的持股比例低至不到百分之一，其余的股份几乎全部分配给了员工，企业的利润也由大家共享。就这一点而言，任正非过于"违背人性"，他首先驾驭了自己的人性，然后才能引导大家的人性。

为了企业发展，为了调动员工积极性，老板可以设法尽情释放员工的人性，但必须有底线。这就需要道德的约束，否则即使企业获利了，获得了短暂的成功，最终也不会得到社会的尊重，迟早会被社会谴责，被市场遗弃，这样的企业离死亡也就不远了。

企业的生存和发展，盈利是关键，效率是前提，人的问题是效率的核心。本书试图从老板领导力的提升、老板与总经理理想的协作关系、团队的有效激励、合伙人资源整合形成的合力、塑造企业文化以减少管理阻力为主线，以中西方管理理念的融合、人性的正确引导这两大助推因素为辅线，破解企业经营效率难以提高的难题。

第二章　老板的领导力

正值春暖花开时节,朋友们齐聚于茶舍。茶舍内,浓郁的茶香伴着大伙儿高昂的兴致;茶舍外,姹紫嫣红,草木花卉展露出勃勃生机。远处传来声声鸟鸣,清脆悦耳,此外便是远离市区喧嚣的宁静。

一位年轻的朋友提出一个问题:要成为好老板,自身需具备哪些品质或修养,才能有效带好团队?

大家把这一问题归结为:老板的领导力,认为老板既是企业战略规划的制定者,又是战略的组织实施者,同时还是诊断和治疗企业病症的医师,企业经营的成败和效率的高低严重依赖于老板的领导力。为此几位老板打开了久违的话题,积极发表了自己对这一问题的意见和看法。

大家首先回顾和总结了老板行使权力的阶段性特征:

(1)创办初期:老板掌握着企业的生杀大权,凡事无论大小与对错,大家都听命于老板。这种简单粗暴的领导方式,在创业初期非常有效,但随着企业的发展,规模的扩大,这种方式却会让团队失去活力。

（2）业务起步期：随着团队活力的丧失，老板开始感到仅靠使用权力不能完全驾驭团队，无法有效地驱动组织的运行，于是开始笼络人心。但这种领导方式的最大问题在于缺乏诚意和有效的手段，于是大家互相做秀，人人似乎都在为企业操心，天天都表现得很忙碌，实际上成效却不大，很多工作没有实质性推进。

（3）发展早期：老板开始运用厚黑学，利用各种江湖手段，形成企业内部的平衡与制衡，这种领导力造成了团队人心不稳，让大家心生害怕，人人都没有安全感和归属感，团队的执行力也很难提升。

（4）发展中期：企业有明确的战略，并将战略转化为实实在在的目标，再把目标转化成每天都要做的事情。老板认识到授权的价值和意义，开始信任下属并放权，主张对事不对人。达到这种领导力水平后，团队的执行力逐渐强大，企业的文化氛围也开始形成。

（5）发展后期：老板不再是具体的管理者，而是以哲学家的身份出现，成为塑造企业文化和企业精神的思想源泉，把统一大家的思想、努力做到"上下同欲"作为自己最重要的工作。达到这个层次的领导力，企业发展速度会非常快，老板变成了大家的"后勤保障"，老板的威望越来越高，整个团队的执行力加强，强大到不需要监督，每个人都在努力想办法实现突破。

（6）发展壮大期：老板不再涉及具体的业务，而是把企业变成一个大家创业的平台，创造空间让有创业愿望的人尽情发挥，企业给予他们大力的扶持，同时又让他们充满了安全感。随着这样的创业者数量的不断增加，企业的竞争力也不断加强。

那么，老板如何练好基本功，使自己尽快提升到更高的领导力层级呢？

依据大家的意见，我结合日常的观察和思考，归纳总结为以下几个方面。

识　人

遇人不淑，识人不善，是人生最大的悲剧。

老板无论是亲自主持工作，还是聘请职业经理人，知人善任都是其重要的责任和任务，重大的人事调配考验着老板识人的基本功。

识人善任，识人是前提，只有识人，才能善任。

历史证明，一个政治清明的政权是很难被外力颠覆的，政治清明的一大特征就是能识人善任。古代的君主，最惧怕的不是外敌入侵，也不是国内反动势力，尽管这些危及国家政权或民族安危的事情对政权也构成了很大威胁，但只要君臣一心，人民同仇敌忾，往往都能平定。君主们最担心和最害怕的是由于识人不明，用错了人，使自己遭受蒙蔽，导致事实不清、黑白颠倒，是非标准难辨，政治昏聩，从组织内部被瓦解。这一错误往往是造成政权被颠覆，江山易主、朝代更替的直接原因。因此历代君主把区分忠奸、识人善任，作为自己的首要能力加以培养，正如曾国藩的至理名言："宁可不识字，不可不识人。"

识人重要，但识人难。庄子引用孔子的话："凡人心险于山川，难于知天，天犹有春秋冬夏旦暮之期，人者厚貌深情。"由此可见，识人的难度。所幸的是，前人给我们提供了很多识人的方法。

老子在《道德经》中说："信言不美，美言不信。善者不辩，辩者不善。知者不博，博者不知。"其意思是：真实的话会揭示现实的残酷，所以并不悦耳动听；美妙的言辞，内容往往不太真实，不太可信。善良和忠厚的人，不会花言巧语；巧言善辩的人，不是善良忠厚之人。知道学海无涯的人，深知自己知识的不足；自认为知识渊博的人，其实是无知之人。

老子看重为人厚道、诚实、谦虚、低调的品质，希望人们返璞归真，去虚存实，更加赞赏一个人忠厚诚实的品质。老子洞彻人性，所以能识人。

庄子继续引用孔子的话："故君子远使之而观其忠，近使之而观其敬，烦使之而观其能，卒然问焉而观其知，急与之期而观其信，委之以财而观其仁，告之以危而观其节，醉之以酒而观其侧，杂之以处而观其色，九征至，不肖人得矣。"其意思是：所以君王要让人远离自己任职，观察他们是否忠诚；让人就近办事，观察他们是否恭敬、谨慎；让人处理繁难杂乱的事务，观察他们是否有能力；对人突然提问，观察他们是否有心智；交给期限紧迫的任务，观察他们是否坚守信用；把财物托付给他们，观察他们是否清廉；告知危难的境况，观察他们是否坚守节操；用醉酒的方式，观察他们的仪表和状态；用男女杂处的办法，观察他们对待女色的态度。这九种表现得到验证，不好的人也就自然看得出来了。

庄子用忠诚、恭敬、能力、心智、信用、廉洁、节操、仪态、心性九个标准，帮助我们识人辨人。

诸葛亮在多年的政治、军事生涯中，总结出一套自己的识人之法，从七个方面全面考察一个人："问之以是非，而观其志；穷之以辞辩，而观其变；咨之以计谋，而观其识；告之以祸难，而观其勇；醉之以酒，而观其性；临之以利，而观其廉；期之以事，而观其信。"

向对方询问是非曲直，看他是否有原则和底线，是否立场坚定。考察对方的三观，如果双方三观不合，很难做到精诚合作，很难组建一支相互协作的团队。

和对方辩论，不断提出棘手的问题，将对方逼到无言以对的尴尬地步，看他应变能力如何。考察对方是否机智，是否才思敏捷。

向对方提出问题，让他提出对策，测试他的见识和才能。检验对方的智力和学识水平。企业需要聪明和有见识的人，核心骨干尤其如此，这会大大增加组织成功的概率，提高组织运行的效率。

告诉对方情势危难看他是否有勇气面对。遇到困难的时候，也正是考验对方勇气的时候，勇气和胆量是某些岗位的必然要求，由此能看出一个人的责任心和担当。

在对方喝醉酒的状态下观察他的性情。酒品见人品，以醉酒的状态测试他的品行和本性。观察对方酒后能否把持自己的行为，让对方流露真性情，借以看清其本性、真面目。

用金钱和利益来考验一个人，观察他是否清廉，是否贪不义之财。人的生存离不开钱财，但要取之有道。若见钱就眼开，难免会做出伤害组织利益的事情。

交待事情让对方去办理,观察他是否能如期完成,是否言行一致。通过办理具体事情考察对方办事的能力,是否能按时完成。观察他是否言行一致,是否好吹牛皮,是否讲信用。

孔子曰:"视其所以,观其所由,察其所安,人焉廋哉?"其意思是:要了解一个人,应看他的言行和动机,察看他的经历,考察他安的是什么心。这个人怎么还能隐藏呢?孔子一贯注重"听其言而观其行",结合他人做事的心境动机,从其言论、行动和动机,全面认识一个人。

有人提出疑问:有没有更直接、更快捷的方法可用来筛选企业需要的候选人呢?其理由是:企业对优秀人才的吸引力远不及政府。企业首先要尽快筛选合适的人加以考察,如果没有合乎要求的人,即使用上面这些方法也是无效的。另外,这些方法还有一定的局限性,因为需要考察场景,需要通过长时间试用和考察才能了解一个人,所以这对急切用人的企业来说是不太现实的。

这里我介绍一个近代大家都比较推崇的人物,晚清中兴名臣曾国藩。他有一套相人的方法,通过短暂观察,可以直接辨识人。

曾国藩从一名资质平平的普通百姓,成长为晚清四大名臣。他自律、克制、坚持、勤奋,他身上有太多激励后人的东西。

曾国藩会相人,也就是会看人、相面。据《清史稿·曾国藩传》记载:"国藩为人威重,美须髯,目三角有棱。每对客,注视移时不语,见者悚然,退则记其优劣,无或爽者。"

曾国藩为人威严庄重,胡须很美,眼睛的三面都有棱角。每次接待客人的时候,他总是目不转睛地注视客人,很久都不说话。见到曾国藩这副样子的人都很惶恐不安,曾国藩事后就记下此人的好坏,没有出现差错失误的情况。

曾国藩眼光锐利,只需看上几眼,对方的品性优劣就被看得差不离了,因此他对人的评价都非常准确。其实,曾国藩天资并不聪明,在汉人并非主流的晚清政府担任重臣,作为群臣领袖,靠的是勤学苦练,这些素养和才能都是通过实践积累,逐渐培养起来的。

曾国藩平时留心观察人,在军政生涯中积累了很多相人的经验,著有《冰鉴》一书。"冰鉴"是"取以冰为镜,能察秋毫"的意思,这套相人术内容丰富,从多个不同的角度观察和辨识一个人,具有很强的实用性。

《冰鉴》共有七个部分,这里仅简要介绍其中便于企业辨识人的部分内容。

1. 神骨鉴

一个人的"神",主要从两只眼睛里反映出来,是一个人的核心和精华;一个人的外形体格特征,即所谓的骨相,主要集中在人的面相上。观察人,既要看他内在的神态,又要考察他身体的外在形态。神和体格是观察人的第一要诀。

《冰鉴》把人的"神"比喻成大米,去掉外皮,其精髓依然存在,如现在人们所说的气质、气场,它是一种内在力量的存在。体格特征是神的外在表现,双眼更能反映出一个人的神态。

古人观察一个人的"神"时,一般把它分为清纯与浑浊两种类型。"神"的清纯与浑浊是比较容易辨别的。但清纯之神中又有奸邪与忠直,这两者却是不容易分辨的。要考察一个看上去清纯的人,是奸邪还是忠直,应进一步看他处于动、静两种状态时的表现。

第一种:当双眼处于静态时,目光深邃,饱含深蕴,宛如两颗明珠,含而不露;处于动态时,其眼中精光闪烁,眼神犀利,犹如春天树木抽出的新芽。第二种:当双眼处于静态时,目光清明沉稳,旁若无人;处于动态时,目光暗藏杀机,锋芒外露,如同瞄准目标,拉着弓弦,随时准备发射。这两种神情澄明清澈,属于"清"中之正。

当双眼处于静态时,目光犹如萤火之光,微弱而闪烁不定;处于动态时,目光犹如流动之水,虽然澄清却游移不定。这种目光表明此人,一是善于伪装掩饰,二是奸心在腹内萌动,这种是有瑕疵的人。

当双眼处于静态时,目光似睡非睡,似醒非醒;处于动态时,目光像受到惊吓的鹿一样惶惶不安。这种目光表明,一种是有智慧有才能、好深思但品德不高尚,行为不端正之人;另一种是暗藏奸心,含而不发之人,属于奸邪的神情。这两种人都混在具有清纯的神情的人之中,因此观察一个人的"神"态时必须仔细加以辨别。

"神"的浑浊之态在《冰鉴》中没有提到,自然也是没有必要再讲。

2. 刚柔鉴

五行是人阳刚和阴柔之气的外在表现,即"外刚柔"。除了外刚柔之外,还有内刚柔。内刚柔,是指人的喜怒哀乐的感情、激动或平静的情绪,以及有时深、有时浅的心机或城府。遇到令人高兴的事情时,乐不可支;遇到令人恼怒的事情时,怒不可遏,而且事情一过就忘得一干二净,这种人阳刚之气太盛,其气质接近于"粗鲁"。平静的时候没有一点张扬之气,激动的时候也昂扬不起来,这种人阴柔之气太盛,其气质接近于"愚蠢"。遇到事情时,最初看起来想得似乎很肤浅,然而一转念,想得又非常深入和细致,这种人阳刚与阴柔并济,其气质接近于"奸诈"。内藏奸诈的人外柔内刚,遇事能进能退,能屈能伸,日后必可成就一番功名。既粗鲁又愚蠢的人,刚柔皆能支配其心,使他们乐天知命,因此其寿命往往超过常人。纯奸之人,即大奸大诈者,其心能反过来支配刚柔,遇事往往能以退为进,以顺迎逆,这种人最终会获得事业的成功。外表举止和内心气质粗鲁的人,只是一味地刚,做起事来必定半途而废。

《冰鉴》中的刚柔鉴可引申为:无刚不能自立,无柔不能亲和。太刚易折,太柔则靡。刚柔相济,无往不利。

曾国藩看人看得准,除了在这方面悟性比较好之外,完全是被逼出来的结果。咸丰二年八月,曾国藩因母亲过世回老家奔丧守孝,那时称作"丁忧",在家一待就是三年。但丁忧不久,湖南巡抚就传咸丰皇帝上谕,命令他协助湖南地方办团练。于是他年底就到了长沙,以湘勇为基础建立了一支军队。咸丰四年三月初二,兵至岳阳,开始与太平军正面交战。从组建军队到开赴战场,就一年多的时间。

这是一支怎么样的军队呢?

曾国藩在北京十三年，几乎平步青云，一路由翰林院庶吉士做到侍讲学士，再到礼部侍郎、兵部侍郎，三十九岁就官居正二品。他从来没带过兵，是个手无缚鸡之力的文人；而湘军高级将官，几乎都是清一色的生员或者童生，也就是读书人，士兵则是务农的人。

军队创建之初，曾国藩亲自挑选兵勇，处处严格把关。他曾托人招收 150 个新兵勇，别人带了近 200 人让他挑选，结果只留下 103 人，其余都被退了回去。

他按什么标准选人？

应征的这些生员或童生、农民，几乎都没有战斗经验，而曾国藩对他们的人品性格也缺乏应有的了解，客观条件又不允许花费太多时间任用考察，因此，最重要的手段只能是目测。选兵勇倒还好办。选择将领则需仔细观察人的外表特征，分析其人品性格，以判断他们有没有潜力胜任重要的任务。那时的曾国藩将自己的身家性命和他们的任用紧密地连接在一起，要是看错了人，自己完全有可能身败名裂。

随着识人经验的丰富，他越来越相信自己的眼睛。咸丰七年，正当与太平军的战斗呈胶着状态时，他父亲去世，再次丁忧，在老家又待了一年。在这段时间里，他系统地总结了自己的相人经验。再度出山后，他便频频召见军中大小官员，了解其家庭身世，观察其长相特征，事后一一记录，以此作为人才储备的依据。

湘军自咸丰四年初兵败靖港，到咸丰十一年攻克天京，与太平军苦战八年，打仗无数，几乎场场都是恶仗。因为战败，曾国藩曾几度跳河自尽,也几度被救起,尝尽了吃败仗的滋味。一场大战之后,湘乡城里几乎家家发丧,户户哭灵。有姓名可查、死于刀剑之下的湘勇多达二万三千人,职位很高的将帅也常战死于沙场。因此,临阵选将是曾国藩指挥战争时的一项重要工作。处在风口浪尖的数年中,曾国藩相人识人的能力提高了不少。

虽然湘中山区不是什么人杰地灵之所,但是这里的农民跟着曾国藩鏖战数年,不仅歼灭了一度如日中天的太平军,消除了清王朝的心腹大患,而且湘军中出了当时举国半数以上的督抚之职,曾国藩的识人相人水平也达到了炉火纯青的地步。

3. 容貌鉴

人体的各个部位,如果互相照应、匹配,彼此对称、协调,那么就会为人带来福分;而如果相互背离或挤在一起,使相貌显得乱七八糟,不匀称,这个人前途就不被看好。

人的身材可以有高矮胖瘦,可贵之处在于整个身体的各个组成部分要均衡、匀称,使之构成一个有机而完美的整体。

人的面貌有清秀、古朴、奇伟、秀致的区别。人的眼睛如同面部的两方水潭,若神气不深沉、不含蓄,面部就不可能清朗明爽。鼻子如同支撑面部的山脉,鼻梁不挺拔,面部就不可能出现机灵聪慧之气。

4. 情态鉴

一个人的容貌是其骨骼状态的余韵,常常能够弥补骨骼的缺陷。情态是神的流韵,常常能够弥补神的不足。久久注目,要重点看人的神;最初看第一眼,首先要看人的情态。凡是大家,如高官显宦、大儒高僧的举止动作,即使是羞涩之态,其神态风度也不差;而凡属小儿举动,如市井小民的啼哭发笑,又跳又叫,越是矫揉造作,反而越是显得幼稚粗俗。看人的情态,从大的方面当然要分辨清、浊,而从细小的方面则不但要分辨清浊,而且还要分辨主次,方可做出取舍。

常见的情态有以下四种:委婉柔弱的弱态;狂放不羁的狂态;怠慢懒散的疏懒之态;交际圆滑周到的周旋之态。如小鸟依依,情致婉转,娇柔亲切,这是弱态;衣着不整,不修边幅,恃才傲物,目空一切,旁若无人,这是狂态;想做什么就做什么,想怎么说就怎么说,不分场合,不论合不合适,这是疏懒之态;把心机深深地掩藏起来,处处察言观色,事事趋吉避凶,与人接触圆滑周到,这是周旋之态。

这些情态,都来自内心的真情实性,不由人任意虚饰造作。委婉柔弱而不曲意献媚,狂放不羁而不喧哗取闹,怠慢懒散却坦诚纯真,交际圆润却精明干练,豪迈雄壮,日后都能成为有用之才。反之,既委婉柔弱又曲意诣媚,既狂放不羁又喧哗取闹,怠慢懒散却不坦诚纯真,交际圆滑却不精明强干,日后都会沦为无用之人。情态变化不定,难以准确把握,不过只要看到其大致的情形,日后谁会成为有用之才,谁会沦为无用之人,也能看出个大概。

前面所说的是在人们生活中经常出现的情态,称之为"恒态"。除此之外,还有几种情态是不经常出现的,称之为"时态"。

正在跟人交谈时,他却忽然把目光和思路转向其他地方,足见这种人毫无诚意;在众人言笑正欢的时候,他却在一旁漠然冷笑,足见这种人冷峻寡情。这类人城府深沉,居心险恶,不能跟他们建立友情。

别人发表的意见未必妥当,他却在一旁连声附和,足见此人胸无定见;还没有跟这个人打交道,他却在背后恶意诽谤和诬蔑,足见此人信口开河,不负责任。这类人庸俗下流,卑鄙可耻,不能与他们合作共事。

无论遇到什么事情都不置可否,而一旦事到临头就迟疑不决、犹豫不前,足见此人优柔寡断;遇到一件根本不值得大动感情的事情,他却伤心落泪,足见此人缺乏理智。这类人的仁慈纯属"妇人之仁",不能跟他们推诚交心。

5. 须眉鉴

人们常说"须眉男子",这就是将须眉作为男子的代名词。

眉毛崇尚光彩,而所谓的光彩,就是眉毛闪现出的亮光。富贵的人,其眉毛的根部、中间、眉梢处共有三层光彩,而有的人只有两层,有的人却只有一层。通常所说的"文明之象"是指眉毛要疏密有致、清秀润朗,不要厚重呆板、又浓又密。远远望去,眉毛像两只凤凰在乘风翱翔,如一对龙在乘风飞舞,这就是上佳的眉相;如果像一团散浸的墨汁,则是最下等的眉相。双眉倒竖,呈倒八字形,是好的眉相。双眉下垂,呈八字形,是下等的眉相。眉毛如果比较长,就要有起伏;如果比较短,就应该昂然有神;如果浓,不应该有虚浮的光；如果淡，忌像一条干枯的绳子。

胡须无论是多还是少，都要与眉毛相和谐、相匹配。胡须多的，应该清秀流畅、疏爽明朗、不直不硬，并且长短分明有效。胡须少的，就要润泽光亮、刚健挺直、气韵十足，并与其他部位相互照应。如果胡须像螺纹一样的弯曲，这种人一定聪明，目光高远，豁然大度。如果胡须细长，像磨损的绳子一样到处是细弯小曲，这种人生性风流倜傥，却没有婬乱之心，将来一定能名高位显。

6. 声音鉴

人的声音，跟天地之间的阴阳五行之气一样，也有清浊之分。清者轻而上扬，浊者重而下坠。看相识人的时候，听人的声音，要去辨识其独具一格之处，不一定完全与五音相符合，但是只要听到声音就要想到这个人，这样就会闻其声而知其人。因此不一定要真见到这个人，才能看出他究竟是个英才还是庸才。

7. 气色鉴

气是一个人自身生存和发展的主导者，在人体内部表现为人的精神，在人体外部表现为人的气色。气色有多种形态，其中有贯穿人的一生的气色，正如俗话所说，"少年时期气色为淡；青年时期气色为明；壮年时期气色为艳；老年时期气色为素。"

面部气色既忌讳青色，也忌讳白色。青色一般出现在眼睛的下方，白色则经常出现在两眉的眉梢。它们的具体情形又有差别：如果是由于心事忧烦困苦而面呈青色，那么这种青色多半既浓且厚,状如凝墨;如果是由于遇到飞来的横祸而面呈青色,那么这种青色一定轻重不均,状如浮烟;如果是由于嗜酒好色导致疲惫倦怠而面呈白色,那么这种白色会势如卧羊,不久即会消散;如果是由于遭遇了大灾大难而面呈白色,那么这种白色一定惨如枯骨,充满死气。

以上是《冰鉴》的部分内容。

当然,学界也有人质疑《冰鉴》并非出自曾国藩之手。我们大可不必计较这些智慧和方法的源头和出处,如果能对企业识人有所帮助,不妨拿来一用。如果有人要借曾国藩之名使《冰鉴》得以传承和发扬,也是出于让这些智慧对后人有所帮助的愿望。

善 任

识人,练就一副能看透人的火眼金睛是一件不容易的事。善任,把恰当的人安排在合适的岗位,充分施展其特长,给他发挥的空间,让他有出彩的表现和作为,更是一门艺术。

企业用人有什么共通原则或标准吗?找到合适的人之后,如何做到人尽其才、才尽其用呢?

先来看看几家知名企业的用人原则或标准:

蒙牛:

有德有才,优先使用;有德无才,培养使用;无德有才,限制使用;无德无才,坚决不用。

联想：

企业利益高于理性；重绩效；说到做到，超强执行力；学习能力。

华为：

全力以赴的奋斗激情；客户为先的服务意识；至诚守信的优秀品格；积极进取的开放心态；携手共进的合作精神；扎实的专业知识与技能。

由于每个企业所处行业的不同，市场竞争的激烈程度不同，企业所处的发展阶段不同，企业面临的问题不同，企业塑造的文化不同，因此用人的标准和原则也不同。具体说来，企业用人有以下几个原则：

第一条：确定与企业发展相适应的德才观。

提到用人，德才兼备被作为第一标准。前人在用人问题上提倡德才兼备，用"德者才之王，才者德之奴"阐明两者之间的关系，这在大多数情况下是正确的。然而，这种用人标准给处于复杂商业环境中的中小企业老板们造成了一些困惑。相较于国家机构、大型企业，中小企业人才的选择受到很多条件的限制，如：对人才的吸引力有限；地域的选择范围有限；能负担的待遇有限；选择的时间段有限等。在诸多的限制条件下，选择德才兼备之人是极其困难的，这迫使老板们要在德与才之间取舍。因此，在不同时期、不同条件下，这一观点需要视情况调整，蒙牛的用人原则非常值得借鉴。

曹操的用人政策体现出这种因时因地而调整的精神：治世重

德、乱世重才。在乱世,曹操一改两汉唯德取才的选拔标准,唯才是举,不拘小节选拔人才,做到人尽其才,彰显了良好的效果。

在企业的某些特殊时期,老板为了达到目的,需要将人的才能放在首位,选用一些品德有缺陷的人。当然这是在老板有意识的情况下做出的选择,在选用这样的人之前应该制定道德风险的预防措施。

第二条:放权与制衡。

放权并非易事,需要勇气,更需要智慧。授权是放权的具体形式,授权要依据流程,符合组织权力架构,要明确权力范围;授权要有严肃性和仪式感,要正式、公开,不能主观随意。

放权之后还需有制衡,放权不等于放任。制衡是一个中性词,这是古代帝王将相们常用的驭人术,他们在设置机构或者设立重要的岗位时,通过相互牵制、互相制衡的职责划分,使各岗位的职权在行使过程中相互制衡,防止权力的滥用和失控,这也是现代企业内部控制体系设立的基本思想。

老板要谨慎使用制衡术。如果老板把制衡作为一种江湖手段加以滥用,则会引起下属的反感,反而导致双方离心离德。老板使用这些手段时,要针对岗位的性质,目的是防范内部控制风险,应坚持对事不对人的原则,还需要真诚地和当事人沟通说明,取得当事人的理解和支持。

组织中的人有奸、邪、佞之分。奸是狡诈,是指不忠于组织、出卖组织利益的人。邪,是指不正派的人。佞,是指惯用花言巧语谄媚的人。这些人都是有一定才能的人,他们有一项特殊的本领,那就是都非常善于隐蔽自己、保护自己。他们有一项比正直的人更加突出的才能,那就是善于权变。这些人在大是大非问题上往往含混不清、模棱两可,没有原则和底线,只要能达到自己的目的,就不择手段。他们善于钻营,善于见风使舵,他们的隐忍力、意志力,比那些正直、有道德底线的人还要强大,个人能力突出。他们大多在必要时会做出损害企业利益的行为,让老板对他们爱恨交加。这些人一旦担任了较高的职位,他们既是制度的制定者,又是制度的执行者,暗地里可能是制度的破坏者。如果他们利用职务监守自盗,会让企业防不胜防,造成的损失、影响往往很大,因此在授权时老板更需要严加限制。假如老板没有好的制衡手段或措施,还是谨慎使用为好,免得将来养虎为患,形成尾大不掉之势。

因此放权也是以识人为前提的,要坚持"看透之后再放权"的原则,对关键重要的岗位,不能盲目任用,更不能糊涂授权,宁缺毋滥,放权与制衡应相配套。

第三条:恩威并重。

驭人讲求恩与威的平衡,恩威并施、宽严相济的策略,这样既维护了老板的威严和威信,也体现了老板的仁爱之心。如果威太盛,会让人觉得老板太严苛,让人敬而远之;如果施恩太过泛滥,对方不但不会珍惜,反而会产生恩情依赖,一旦不满足就会心生不满,影响工作关系。恩威并重,其中的"恩"并不必然地表现为物质利益的形态,这个"恩"也可以是"以德报怨"式的精神给予。

第四条:赏罚分明,及时兑现。

当员工做出重大成绩、产生重大贡献时,老板要公开表彰,并给予相应的物质奖励。当对方产生重大过错,该处罚的一定要处罚,但要做到心服口服。

表彰要公开,批评要隐蔽,所谓"褒于公堂,贬于密室"。对某些自尊心强的人要在公开场合褒奖,批评教育要单独进行,不要有第三者在场。

若同一个人或同一件事情,既有功劳,也有过错,老板对其要功劳归功劳,过错归过错,即使功过相抵,也要让对方明明白白。奖功与罚过,一定要让对方清楚明白,不能含糊其辞、模棱两可。

员工对企业有贡献,该晋升的晋升,该加薪的加薪,奖励一定要及时,尽快兑现,不能犹豫,不要拖拉。奖励一旦错过合理的等待期,反而会让人心生不满或怨恨,效果就会大打折扣。

第五条:跳出自身的限制。

用人效果的好坏,受老板自身思想情感的限制。老子说:"知人者智,自知者明。"人是复杂的动物,对事物的认知和评价会受到自己知识和情感偏好、心理活动等多种因素影响。因此,老板要充分认识自己的这些局限,克服容易出现的偏见,客观公正地评价和任用一个人,让人心服口服,使其打心眼里觉得自己得到了客观公正的待遇,激发其工作的热情。

人性的某些本能也是制约老板用人的重要因素,这些因素决定了老板的心态,折射出老板的修养。老板一方面渴望引进人才、拥有人才,另一方面又希望对方无条件屈服于自己的权威。一旦老板的权威受到挑战,人性的某性本能就会显现:猜忌、设防等。大搞办公室政治,使双方的关系变得复杂,使对方得不到应有的尊重,导致其积极性遭遇挫折,严重阻碍对方才能的发挥。此时双方展开了人性和人性之间的较量,内耗产生,彻底违背了引进人才的初衷。

在艰苦创业的时候,老板大多能持谦逊的态度,保持礼贤下士的风度,对人才表现出尊重。但随着企业取得了一些成绩,老板在社会上有了地位和名气后,其心态难免有所改变,某种欲望超越了理智,对人才不再表现出尊重和怜惜,对他们的态度开始变得轻慢。有的老板甚至自以为是,认为企业能有今天,全靠自己的本事和能力,是自己给对方创造了发挥的平台,这是心态在作祟。

老板的利益观影响其用人态度,在很大程度上决定用人效果的好坏。企业是个名利场,实际利益是最根本的纽带。老板希望企业盈利,分取赚得的利益;员工最基本的诉求是工资薪金,贡献大的人希望某一天能获得特别奖励或分红,大家都希望自己的钱包鼓一些,生活好一些。静态地看,一方拿的多了,另一方获取的就会变少。如果从增量的角度看,结果却并非如此。如果老板仅从自己的角度认为对方不知满足、不知感恩,那么双方的评价标准难以统一,合作的基础也会动摇。这时,老板能否静下心来思考以下问题:

没有了这些员工企业会怎样?

他们到底对企业有什么价值?

企业给予的待遇与员工的贡献是否匹配?相较于同行业、同类公司可比性如何?

是否对员工有足够的信任和尊重?

共享机制的精髓是什么？政策的公平性是否得到体现？是否对员工的职业发展给予合理的规划？

> "夫运筹帷幄之中,决胜于千里之外,吾不如子房。镇国家,抚百姓,给馈饷,不绝粮道,吾不如萧何。连百万之军,战必胜,攻必取,吾不如韩信。此三者,皆人杰也,吾能用之,此吾所以取天下也。项羽有一范增而不能用,此其所以为我擒也。"刘邦成就帝业的精髓在于知人善用的价值和效能。

善　断

谋划,是指提出解决问题的方案和对策,并充分估计决策可能带来的后果的过程。决断,是综合分析和判断所掌握的有限信息,然后及时果断地做出决定的过程。

谋划和决断是管理活动重要的组成部分。善于谋划和善于决断是一个人两个不同方面的能力,如果一个老板既善于谋划又善于决断,则一定是被上天眷顾的人。如果鱼和熊掌不可兼得,那么对老板而言,善谋和善断,哪种能力更重要？

一、断重于谋

善断,即善于决断。由于决策过程的关键在于决断,因此善断重于善谋。

企业经营和发展就是一个个方案的选择，一项项决策的累积结果。企业处于市场竞争中，充满了不确定性，面对一次次方向的选择、一次次方案的确定，只有善于决断，企业才能不断向前迈进。处惊不乱，临危不惧，遇险敢于决断、善于决断，是老板非常可贵的品质，也是老板重要的职责。

决策之成败，在断不在谋。身为老板，决断的重要性是第一位的。即使谋划得再好，如果没有决断，决策永远将处在讨论和分析阶段，永远无法抓住战机，自然转化不了成果。谋划，可以通过智囊或团队的群策群力，使谋划过程得以周密进行，使方案得以完善，为决断打好基础。

善断重于谋划，是指老板的决断能力重于谋划能力，并不是说谋划不重要。老板即使思路开阔、擅长谋略，也应有广泛听取别人意见的态度和胸怀。人会因自己的思维习惯产生思维陷阱，而兼听则会让人跳出这些陷阱。只有多听团队内外有价值的言论和意见，可选的方案才会丰富、谋划才会周密，老板才可能做出高质量的决策。

曹操足智多谋，既善于谋划，又善于决断。尽管天赋异禀，但曹操依然重视智囊团的建设。他善于听取各方意见，鼓励他们献计献策，甚至鼓励他们提出与自己观点相反的建议，在此基础上对问题进行周密的谋划和决断。因此，曹操成为三国时期富有战略眼光、能纵览全局的领导，赢得了战略战术的主动权。

曹操拥有如此高的天赋却不刚愎自用，身边聚拢了一批天下最优秀的谋臣。在他的阵营里,五子良将帮助曹操南剿北伐;五大谋士构成了曹操重要的智库,是"领导班子"重要的组成部分,他们帮助曹操取得了一系列重大的胜利。

五大谋士中,荀彧的地位极其重要,他是一位优秀的政治家、战略家,是曹操"领导班子"的核心人物,被称为"王佐之才"。荀彧为曹操绘制出一统北方的蓝图和全国发展的路线,因多次修正曹操的战略方针而获得赞赏。正是有了荀彧,曹操逐渐掌控了大局,在群雄并起的年代站稳了脚跟,为日后建立曹魏政权,打下了坚实的基础。如荀彧建议曹操迎奉天子,奠定了曹操挟天子令诸侯的基础;他还建议曹操奇袭荆州,借此占据了战略主动权等。

第二位谋士荀攸被称为曹操的"谋主"。荀攸善出奇谋,善于采用灵活多变的克敌战术和军事策略。曹操征伐吕布时,荀攸劝阻曹操退兵,献奇计水淹下邳城,活捉了吕布。在官渡之战中,他使出了声东击西的计谋,驱奇兵顺利地烧毁了袁绍的粮草大营,取得了官渡大捷。荀攸除了运筹帷幄之外,还能知进退,不居功自傲。

第三位是郭嘉,他为曹操统一北方立下了功勋,史书上称他为"才策谋略,世之奇士"。曹操称赞他见识过人,是自己的得力智囊。平定了袁绍之后,曹操的心腹之患是乌桓,但是曹操担心刘备劝说刘表去攻打自己的后方,不敢贸然出兵。郭嘉透彻分析了局势,断定刘表不会出兵,最终曹操取得乌桓的胜利。但郭嘉英年早逝,曹操在赤壁战败之后,仰天大恸,认为如果郭嘉还活着,自己则不会吃这个大败仗。

第四位是贾诩,他是三国时期军事战略家,当时被称为"第一聪明人",在乱世中名利双收,得以善终,是曹操谋臣中寿命最长的一位。在贾诩为张绣谋臣的时候,他曾多次打败曹操,后来和张绣一起投靠了曹操。在官渡之战前夕,贾诩力排众议,建议实力弱小的曹操抵抗袁绍。曹操征讨关中的时候,他用计瓦解了马超和韩遂的联盟。曹操第一次讨伐东吴没有听从贾诩的劝告,最终兵败赤壁,错过了一统三国的机会。后来,曹丕决定出兵伐蜀,贾诩建议他先发展魏国经济,曹丕没有接纳他的建议,最终无功而返。虽然贾诩一生功劳无数,但他从不居功自傲,洁身自好,不随便与别人私下交往,不与权贵联姻。他被评价为:入世得以建功,出世亦能自保。

五大谋士中的程昱,是曹魏的名臣和将领、柱国元勋,是最早跟随曹操征战的人,被封为"车骑将军"。在众多谋臣中,程昱足智多谋,善断大事,是文武兼备的全才。

我们再来看看三国时期另一位"老板":孙权。

作为江东之主,孙权同样具有多谋善断的才能,并且很好地将其用在自己的重大决策和行动中。在三国之中,吴国相对势力弱小,但维持的时间却最长,这与孙权的才能是紧密相关的。孙权善断的特点,使他在长期的政治军事活动中一次次地避免了重大决策失误,成为一位杰出的领导。

孙权有一个好的习惯:每逢重大决策,都要请大臣们先发表意见,根据他们的意见,再做出最后的决定。孙权虚心采纳众人的意见,这样既有自己的主见,又能集众人之长,来充实自己的见解。

如赤壁之战前,曹操下战书,孙权接受了挑战。在此过程中,孙权对整个大局乃至战略步骤进行了周密细致的谋划,并在关键时刻做出果断的决策。经过此战,孙权由政治舞台上一个分量较轻的角色一跃成为影响当时局势的风云人物。

孙权在位多年,使吴国根基稳固,很重要的一个理由是他善于决断,从而能够紧紧把握各种重大机会。如关羽北攻襄阳,江陵空虚,孙权趁机袭取荆州,占据了这个战略要地,使东吴军队进可攻、退可守,确保了腹地的安全。由此,三足鼎立的局面才真正形成。这既有事先的周密策划,又有在瞬息万变的情况下做出的正确决断。

在谋略和决断上,相较于前面两位"老板",刘备要逊色一些,但依然成就了他的事业,这是因为刘备身边聚集了诸葛亮等杰出的人才。相较于曹操和孙权,刘备凭借其坚持不懈的意志力、真诚和礼贤下士的态度赢得了诸葛亮的辅佐。刘备借助诸葛亮的决断能力,弥补了自身的不足。

二、决断的原则

由于客观和主观条件的限制,因此老板经常需要在一些不确定的情况下做出选择和决断。决断过程是一个人知识、逻辑思维和胆识等的综合体现。

决策时,应该坚持满意原则还是最优原则?在劳动力密集的时代,企业以规模化降低生产成本作为决策目标,用最优原则是无可争议的。但随着以人为本的理念的形成,以及技术密集型、知识密集型企业的出现,满意原则开始替代最优原则,成为决策的核心原则。

满意原则,是指在做一件事的时候,让各利益相关方的利益最大化,换句话说,就是争取形成多方共赢的局面。最优原则,则是采用最好或者最有利于决策者自己的方案,让决策者自己的利益最大化。二者利益中心和范围的不同。现在很多企业已经把员工、供应商、客户等利益相关方都纳入考虑的范围。

这两个原则的区别在于,长期利益和短期利益、局部利益和整体利益的平衡。片面地考虑企业自身的目标而忽视员工的职业发展和企业文化的建设,或者只追求当前利益的最大化而忽视长远利益与企业发展的后劲,对企业长期健康发展是非常不利的。虽然满意原则看似暂时没有选择最优方案,但因牺牲了老板自身一部分的利益而兼顾了员工、供应商、合伙人等相关方的利益,提升了相关方的满意度,奠定了企业长期发展的有利条件。因此,眼光长远的老板会按照满意原则决策。

另外,决策往往是在信息、时间等因素受限制的条件下做出的,客观上也满足不了最优原则。即使一项决策在当时条件下看似是最优的,但因其拉长了时间周期结果却可能不是最优的。因此追求绝对的最优原则在复杂的商业环境下并不现实。如果老板主动追求决策的满意原则,反而容易形成多方共赢的局面,有利于维护企业友好的商业生态。

坚持用满意原则做决策,与决策选项周全、周密是不矛盾的。决策的过程是对各种可行方案研究和选择的过程。老板广泛听取团队成员的意见，周密准备所有可能的选项，然后逐一推敲、逐一比选，最终做出满意的选择。

老板如何才能避免被误导，听到团队真正有价值的意见？

人们总是喜欢听到与自己意见一致的声音，觉得很亲切、很顺耳。但这很容易让自己感觉良好，自以为是，无形中强化了自己的偏见，导致再也听不进不同的，但有价值的建议。如果想要听到有价值的信息，老板首先需放空自己，对问题暂时不持任何观点。

老板在企业中具有绝对的权威，对团队成员的薪资待遇或职务晋升有着重大的决定权。有些员工见了老板，心生顾虑，怕自己不同的意见惹得老板不高兴，专门挑老板喜欢听的话讲；有些员工擅长察言观色，极尽猜度老板的意见，曲意奉承迎合；有些颇有心计的员工，带着一副为老板、为企业着想的伪善面孔，表现得特别真诚，但却夹带着私心杂念，他们罔顾事实，颠倒黑白，使一些原本清晰的问题，变得混乱不清；还有一些员工，表里如一，直接发表自己的意见和看法，没有顾及老板的感受，说话很不中听。

老板只要耐心地听取各种意见，认真分析他们的动机，搞清其中的利害关系，意见是否中肯也就不难明辨。

预见性

预见性是指一个人对事物发展前瞻性的思考和分析判断。凡事预则立，不预则废。自古以来，上至帝王将相，下至庶民百姓，预见性都显得非常重要。预见性为人们的决策和行动指明了方向，为战略战术的制定和实施赢得充裕的时间和空间。同理，老板的预见性决定了企业的发展方向和竞争格局，给战略战术的实施提供了针对性和充裕的准备时间，因而决定了领导在团队中受拥护程度和在团队成员心目中的地位，是老板领导力的重要组成部分。

一代伟人毛泽东被无数中外人士崇拜，这与他思想的深邃、战略眼光的长远、预见的准确性是分不开的。每当处在重大危急关头，当人们看不清方向的时候，他总能拨云见日，对前进的方向做出正确的判断，从而制定正确的战略战术，挽救危机。他的决策经受住了时间和历史的考验，深深地影响着中国和世界历史的进程，被人们比喻为"大海航行之舵手"。下面的故事有力地说明了预见性的重要性和影响力。

抗日战争全面爆发后，尤其是"八一三"淞沪抗战之后，日本侵略军长驱直入，在上海、南京一带步步紧逼，国内"亡国论"一度甚嚣尘上。可是不到半年，八路军在平型关伏击日本精锐板垣师团，歼敌千余人。徐州会战中，李宗仁率部击毙敌人一万多人。捷报传来，一些人被胜利冲昏了头脑，一反过去的悲观情绪，转而唱起"速胜论"的调子，开始预言：最多四年就能打败日本侵略者。

为了彻底批驳"亡国论"和"速胜论"，摆脱错误预判的干扰，把全国军民思想统一到"持久抗战、夺取抗战最后胜利"的轨道上来，为了给持久抗战提供理论根据，毛泽东决定写一部论持久抗战的理论专著。为了写好这部专著，毛泽东查阅了大量资料，详细拟定了写作提纲。毛泽东在《论持久战》中分析了中日双方相互矛盾的四个基本特点,即敌强我弱、敌小我大、敌人退步而我方进步、敌人寡助而我方多助,做出了中国不会灭亡,也不能速胜,只要经过艰苦、持久的抗战,最后的胜利一定属于中国的结论。

经过多个不眠之夜,一部具有伟大历史意义的论著《论持久战》问世了。毛泽东的《论持久战》,有力地批驳了当时党内外在抗日战争问题上存在的"亡国论""速胜论"等错误思想,回答了人们最关心的问题,对抗日战争的发展规律有了清楚的描述,使人们由衷地信服,坚定了全国人民抗日的意志。

《论持久战》一经面世,就在国内外产生了重大影响。宋庆龄收到《论持久战》后,她深为毛泽东的深刻分析和高瞻远瞩所折服,立即找自己的朋友爱泼斯坦等人把《论持久战》翻译成了英文。《论持久战》的英文版在海外发行后,得到了国际上的积极反响和高度评价。

《论持久战》的发表在国民党高层领导人中也引起了很大轰动,白崇禧、陈诚都对此给予肯定。

白崇禧当时是国民党最高统帅部的副总参谋长,他认为《论持久战》是一部军事巨著,是克敌制胜的最高战略方针,因此积极向国民党最高统帅蒋介石推荐。白崇禧把《论持久战》的精神归纳成两句话:"积小胜为大胜,以空间换时间。"同时在征得周恩来的同意后,他以国民党军委会的名义通令全国,把《论持久战》作为全国抗战的指导思想。

国民党军事委员会政治部部长陈诚,出身于黄埔军校,恃才自傲。周恩来向他介绍了《论持久战》的基本思想,并送给他一本《论持久战》单行本。他一开始认定这是毛泽东的故意炒作,因而不屑一顾。1938年10月下旬,武汉失守,继而长沙沦陷,抗战形势的发展确如毛泽东所预见的那样,陈诚这才意识到抗战的艰巨性、复杂性和持久性,于是重新捧起《论持久战》仔细研读。他为毛泽东的精辟分析和科学预见所折服,并结合战例在该书的书眉上写了许多批注,并特地邀请周恩来到湖南衡山给军官、训练学员讲授毛泽东的《论持久战》《抗日游击战争的战备问题》。

中国战区美军司令官史迪威将军看过《论持久战》后,认定这是一部"绝妙的教科书",他更清楚地认识到八路军、新四军与日军浴血奋战,在敌后建立抗日根据地的意义和作用,认定抗战的最后胜利一定属于中国。他建议美国政府"加快对华援助",向中共提供一定数量的武器装备,以加速胜利的到来。

《论持久战》的精辟,连日方也为之折服。东京大学教授近藤邦康曾公开宣称:"我很佩服《论持久战》。日本被中国打败是必然的,以这种哲学为基础的宏远战略眼光,日本没有。"

艰苦卓绝八年抗日战争的历史事实证明了《论持久战》所揭示的中国抗战规律和英明预见,《论持久战》因此名垂青史,成为一部享有世界声誉的经典军事理论著作。

毛泽东的《论持久战》是一部影响力巨大的著作,充分显示了预见性的重要性,它犹如黑夜里的启明星、迷雾中的灯塔,在人们极度迷茫时,给人们指明前进的方向,给战略布局提供了指导方针。

世界上的事物看似杂乱无章,实际上存在着关联性,是有规律可循的。企业繁杂的事务和商业纷乱的现象，也是有规律可循的。人们可以了解事物的过去，由此及彼，多角度、多维度地解剖问题，从而在一定程度上预见未来。

预见性是深入分析、深度思考论证的结果。没有认真搜集和整理信息，没有深度分析和思考，不经过仔细论证是很难做出准确预见的。

不患无策，只怕无心。预见性也是因为使命感使然。老板肩负着企业兴衰的重大使命。在使命感的迫使下，老板会有意识地增强前瞻性的思维，深入思考问题，从量变到质变，使思维变得越来越有深度和质量，最终培养出良好的预见能力。

关注行业发展的动态，持续不断地收集行业信息，深入研究各种要素的关系，与行业内的资深人士多交流，有助于老板逐渐了解和掌握行业的发展规律，逐步培养对行业发展趋势的预见能力。

当今社会，科学技术发展很快，技术更新也是日新月异，有些威胁并非来自本行业。除了研究本行业的相关信息和发展趋势外，老板还要研究相关领域，打开自己的思路，开阔自己的眼界，以提高对新事物的敏感性。

不识庐山真面目，只缘身在此山中。有时置身于"事外"看问题，远离纷繁的日常事务，远离局部问题的纠缠，反而可以使自己更加冷静，更加全面清晰地看待企业的人和事，更容易看清行业的问题，提高预见性，把握企业未来的发展方向。这也要求老板要经常跳出自己的行业和圈子看问题。

个人魅力

个人魅力,是一个人的性格、气质、能力、道德修养等吸引他人的力量。有魅力的人犹如磁石一样,对周围的人产生强烈的吸引力。无论身处何处,有魅力的人终究会成为组织的核心,受到人们的爱戴和欢迎,他们是天然的领导人选,能有效地带领团队实现组织的目标。

个人魅力体现在处理社会关系的能力、思维能力、情绪控制力、意志力、格局和学识等诸多方面。

在处理社会关系方面,个人魅力表现为:心胸宽阔,有雅量,自律,有进取心,自谦而不自卑;对他人真诚、热情、友善,富有同情心;懂得"己所不欲,勿施于人"的道理,能够换位思考。

在思维能力方面,个人魅力表现为:才思敏锐,有较强的逻辑性,对问题有预见性,想象力丰富。

在情绪控制力方面,个人魅力表现为:善于控制自己的情绪,乐观开朗,振奋豁达;与人相处时能让人感到温暖,给大家带来欢声笑语,令人心情舒畅。

在意志力方面,个人魅力表现为:意志坚定,志向目标明确,行为自觉,且具有坚忍不拔的执行力。

因为有格局,老板在对待团队、人才、合作伙伴的利益分配时更懂得长短期利益的平衡与取舍,不会只重视眼前利益,所以更能赢得人心,赢得合作伙伴的积极反馈,赢得人们发自内心的认同。

这些特征符合老子《道德经》中所说的"天之道":"圣人不积,既以为人,己愈有;既以与人,己愈多。天之道,利而不害;圣人之道,为而不争。"其意思是:有德行的智者是不存占有之心的,而是尽力照顾别人,替他人考虑,自己也更充足;尽力给予他人,自己反而更丰富。自然的规律是让万事万物都得到好处,而不是伤害它们。圣人的为人之道是,做什么事都不跟别人争夺。

因为有格局,所以他们不会为了一时的荣辱而放弃自己的理想和抱负,也不会在意一时的误解、一时的不公正对待和评价。他们能坦荡淡定地对待逆境和挫折。

腹有诗书气自华,具有个人魅力的人都有一定的学识,对事物有着较深刻的见地。他们表现出渊博的学识、优雅的谈吐、良好的修养,显示出独特的气质,会让人心生敬仰。

> 老板若能练就这些基本功,定能极大地增强自己的领导力,让团队心悦诚服,紧紧追随自己。

第三章　合伙机制

五一长假期间,朋友们大多举家外出。某天,我正在家看书,突然接到一位年轻朋友的电话。他在创业期间遇到一些问题,想与我交流,而且他的一位想创业的朋友也希望加入,于是我们约好在茶舍见面。

这位年轻朋友说:"很多人创业失败,究其原因,尽管可以归结为产品、服务、商业模式落后以及行业竞争激烈等,但最重要的还是人的方面出了问题。这些企业无法聚拢人心,当出现或陷入危机时,核心骨干不能与企业成为一个利益共同体,无法做到同心协力、共渡难关。人是企业经营成败的关键,但具体的落脚点应该放在哪里?"

这位创业者的问题无意中引入了员工管理的重要话题:企业与人建立一种利益共享机制——合伙机制。当今社会,单靠某个人一人之力想成就一家企业,将难以应对企业生存和发展过程中面临的各种挑战。"没人会用心清洗租来的车",这个浅显的道理说明合伙制的意义。通过合伙机制整合社会各方面的资源,有助于企业的创建、成长、发展与壮大。两位年轻的朋友对此话题都表现出浓厚的兴趣。于是,我们就这个话题展开了充分地交流和讨论。

合伙制具有独特的、较为完善的激励和约束机制，它的优点主要表现在以下几个方面：

一是所有合伙人的利益得到了合理配置，并且有了制度保障。

二是除了经济利益产生的物质激励外，合伙人的股东身份还有一定的精神激励，做到了权力与地位的统一。

三是由于经营者也是企业的所有者，因此在经营活动中有实现自我约束和控制风险的动力；优秀的业务骨干被吸收为新的合伙人，可以激励优秀人才的进取心，激发对企业的忠诚度，推动企业进入良性发展的轨道。

需要特别说明的是，我们讨论的合伙企业不仅限于狭义的、法律意义上的合伙企业，还包括多个股东的、以合资形式存在的公司制企业。

创始合伙人按是否参与经营管理，可分为内、外部合伙人。只出资，不参与企业经营的合伙人，被称为外部合伙人；既出资，又参与企业经营活动的合伙人，被称为内部合伙人。内部合伙人通常担任企业的高级职务，或者成为企业的核心骨干。

除了创始合伙人外，有些老板为尊重人力资本、增强团队凝聚力和调动团队的积极性，通过实施股权激励，将核心团队的部分或全部激励对象变为事业合伙人，使他们成为企业的内部合伙人。

现在，越来越多的企业尝试合伙人制度来达成自己的商业目标。合伙制以利益为结合点，以利益共享为纽带，尽管以利相交、利尽人散，但只要最初对它的认识清晰，对它的组织架构考虑周全,筹划周密,在合伙的过程中出现利益冲突和散伙的可能性就会更低。

企业构建合伙机制,会面临多项选择,如:合伙制度的初衷和目的是什么?选择什么样的合伙人?企业的控制权问题怎么解决?股权如何分配?哪些股权结构缺陷要避免?内部发生分歧时怎么解决?退出机制如何设计?如何充分发挥内部合伙人的工作潜能以及如何平衡外部合伙人的投资收益和风险?

不同的合伙初衷

因不同的合伙初衷,企业会建立不同的合伙机制。合伙人机制一旦建立,就会从根本上影响合伙企业的架构,对企业日后的运行产生长久的影响。我介绍国内较有影响力的几家企业的合伙人方案,从而直观地认识合伙制方案的初衷和目的,以便更好地把握合伙制构建的关键因素。

一、华为:重视人力资本,动态调整激励计划,保持其长期活力

20世纪90年代初,华为推出了员工持股计划,明确了"人力资本增值优先于金融资本增值"的宗旨,确立了"以奋斗者为本"的企业文化。华为内部合伙人制度自1990年实施以来,经历了不断改革和优化,逐渐形成了持续稳定的人力资源发展战略:持续保持组

织的活力，把股权激励机制作为重要的手段，动态调整，保持激励的长期效果。

华为的合伙人制度主要经历了四个主要阶段：

第一阶段：员工持股计划。1990年，华为的合伙人机制是按照员工的级别、绩效、可持续贡献等授予员工内部股票，员工以每股1元的价格购入公司股票，股票持有者只享受分红权，员工退出时，其持有的股票被按照股票取得之初的原始价格回购。

第二阶段：虚拟受限股计划。2001年以后，新的持股政策为：股票认购价格不再是1元/股，而是按照公司当年净资产价格购买虚拟股票。虚拟股票根据员工的工作能力和贡献，确定其获得的股份数量。持股员工除了可以获得一定比例的分红作为主要的收益外，还可以取得虚拟股票对应的公司净资产增值部分的收益。

第三阶段：饱和配股计划。2008年，华为再次调整了持股制度，实行饱和配股制，即规定员工的配股上限，员工达到各自级别的上限后，就不再参与新的配股。这一规定使持股数量较大的老员工们的配股数量受到了限制，给新员工的持股留下了空间。

第四阶段：时间单位计划。2013年华为推出"时间单位计划"（Time Unit Plan，TUP），完成从虚拟受限股计划、饱和配股计划到该计划的全员性的过渡，解决了外籍员工和基层员工无缘分享公司发展红利的问题。这是基于员工的历史贡献和未来发展的贡献确定的一种长久的，但非永久的奖金分配计划。该计划有望解决此前虚拟受限股计划所带来的财富过度集中的问题。其操作要点大致如下：根据部门绩效和个人绩效及配股饱和度，每年分配TUP

额度,五年为一个结算周期,第五年进行分红和结算股票增值的收益,届时这一期 TUP 即告失效。

华为的合伙人计划实质上是华为和员工通过契约方式约定的一种虚拟股权。拥有虚拟股票的员工,可以获得一定比例的分红,以及虚拟股对应的公司净资产增值部分,但没有所有权、表决权,也不能转让和出售,在员工离开企业时,股票只能由华为控股有限公司工会回购。

华为的合伙人计划建立了利益分享机制,它将员工紧密地团结起来,其建立初衷是"互利共享、风险共担"。通俗地讲,华为合伙人计划的核心是分钱,是将员工的利益分配、福利待遇以及晋升发展相结合,将每个人的贡献价值量化,对员工绩效实行量化管理,建立员工与公司共同发展、互利共赢的分配系统。华为通过虚拟合伙的股权模式,凝聚了优秀的人才,构建起了强大的组织竞争力。

二、碧桂园:收益分享

碧桂园在 2012 年推出股权激励方案——"事业合伙人制度"。

2012 年,碧桂园的销售额为 476 亿元,同年开始推行"成就共享"合伙人计划。仅仅用了 7 年时间,销售额就从 476 亿元增长到 5 500 亿元,业绩增长了十余倍,赶超了万科和恒大,坐上了地产界龙头老大的宝座。

计划推行当年,所有人都半信半疑,但到了年底,有人发现自己竟分得数千万元的收益。这一结果在公司内部引起了巨大的反响,大家开始相信公司的激励计划并非空头支票。2013年,碧桂园的所有员工都开始拼命地干,当年公司销售额暴涨至1 060亿元,从此跨过千亿元的门槛。

碧桂园的合伙人计划,旨在让每一个员工投入更大的工作积极性,以合伙人的方式把他们与各项目紧密联结,从而让双方都获得更多的回报。在合伙制的思想基础上,碧桂园将全部员工纳入激励范围,使员工成为企业的事业合伙人。碧桂园事业合伙计划的两大核心要素是员工持股和项目跟投,以"利益共享,风险共担"的原则将员工和企业打造成利益共同体,极大地解决了传统的股权激励方案在激励效果上的不足。这种合伙机制让员工时刻和公司站在一起,能有效应对房地产业普遍存在的各地负责人的责任心不足与项目销售业绩不确定性的问题。

当总部向下放权时,需要与员工分享企业发展的成果,只有如此,才能有力增强员工的主人翁意识,使其真正担当起责任来。这种合伙机制也为解决委托代理人问题开辟了新的思路。

碧桂园实施事业合伙人制度后,整体业绩飞速提升,财务能力整体上有了明显的提升,主要体现在现金流的表现和存货周转能力,并且在这两方面大幅领先于实施传统股权激励方案的企业。

三、万科:实现"共创、共享、共担"

伴随着国家政策转型,房地产开发企业从黄金时代进入白银时代,新技术在地产业内不断得到应用,房地产企业经营模式的革新迫在眉睫。谋事在人,人才是根本。转型时期房地产企业内部的一些人才机制方面的问题也逐渐暴露出来,如职业经理人存在能力与道德风险,他们能够与企业共创、共享,但是不一定能共担。

万科的合伙人制度因时而生,推出了核心高管持股计划和团队项目跟投机制,有效打破了企业内部层级的约束,较好地留住了人才,支撑了企业人才的"共创、共享、共担"战略。

万科采用合伙人平台模式,平台是有限合伙企业。万科的合伙人主要有三类:集团董事会成员、监事、高管和地方公司高管;集团公司总部一定级别以上的雇员;地方公司一定级别以上的雇员。万科的"事业合伙人"主要是通过股票跟投、项目跟投两种方式,将职业经理人变成股东。万科事业合伙人计划,本质上是扩大版的股权激励计划,高管持股有下限,雇员持股有上限。事业合伙人计划是以万科A股股票为标的,员工初始跟投的份额不能超过项目资金峰值的5%,项目所在一线公司的人员跟投可以在未来18个月内受让此份额,受让时,按照中国人民银行同期同档次贷款基础利率支付利息。另外,项目所在一线公司管理层和该项目管理人员必须跟投,依据跟投人员职位的不同采用不同的政策。

与一般公司激励计划是由创始人发起不同,万科的激励计划是由职业经理人发起的,因此所考虑的因素有所不同。

在发起伊始,职业经理人、万科董事局主席郁亮就有清晰的设想:"发展我们的事业,建立背靠背的信任,分享我们的成就,掌握我们的命运",他提出"人才是万科的唯一资本"。万科事业合伙人的最大特点是强调"共担",无论是集团事业合伙人持股计划,还是项目跟投机制,均注重"共担风险""利益共享"。

四、龙湖：保持长期竞争力

龙湖集团直到 2017 年，才推出合伙人计划，而且没有采用行业的标准配置：跟投机制。龙湖集团的合伙人计划为期三年，整体结构分为永久合伙人、长期合伙人、高级合伙人、正式合伙人四层。

合伙人通过层层选举，推荐投票的方式产生。当选合伙人将享有参与股权池、现金池的分配权益，同时需要履行举荐人才、承担战略性工作、传承企业文化三项职责。

龙湖集团的合伙人计划针对的核心问题是：由于组织天然带来的利益割据和利己心理，因此没有人愿意去做关于企业整体发展战略规划等方面的工作。如何保持龙湖集团长期的竞争力成为该计划的初衷，龙湖着力建设一个"具有企业家精神的利益共同体"。

五、阿里巴巴：由管理团队而非资本方掌握控制权

阿里巴巴的合伙人机制，其核心目的是包括马云在内的现行阿里管理团队，须拥有董事会多数董事的提名权，以保证管理层对公司的控制权。核心问题是公司如何保持基业长青，其关键是公司创业团队与资本方的权力关系协调问题。

通过了解这些企业的合伙人计划，我们可以看出每一个企业的合伙人计划都有其针对性，是针对各个企业不同阶段所存在的问题而设计的，具有不同的合伙初衷。企业要清晰地认识到自身发展阶段存在的问题，有针对性地设计合伙人制度，制订具有针对

性的合伙人计划，立足利益共享，帮助企业实现战略目标。

合伙人的选择

合伙创业一般采用主要创始人和联合创始人的组合。大家愿意一起出资合伙，成为合伙人，是基于对企业未来的前景和价值有共同的认识。合伙人的选择对企业未来经营的结果，起到至关重要的作用。

从事初创企业投资的真格基金创始人徐小平，非常强调选择合伙人的重要性，他说："合伙人的重要性超过了商业模式和行业选择，比你是否处于风口上更重要。"

对初创企业来说，获取市场渠道、创意、资金、核心技术、人脉等资源的难度较大，需要不同的合伙人优势互补。但在实践中，即使找到拥有这些资源的合伙人，如果没有共同的价值观，合伙企业也走不远。因此，选择合伙人的首要标准是考察潜在合伙人的价值观。这些价值观将来会形成企业文化的内核，在利益或经营思路发生冲突时会起到重要的黏合和润滑作用，没有任何法律制度能替代或填补共同价值观所起的作用。

其次，要客观准确地分析潜在合伙人的合伙动机。如果具备正确的动机，合伙人就会带着强烈的责任感，把更多的精力投入企业经营活动，合伙容易形成合力，能有效避免合伙人的投机行为。

再次，合伙企业首先是人合，然后才是资合。人合也就是"人和",合伙人之间需要有一定的情感基础,这种情感应该建立在共同事业基础上。有了这种情感作为纽带,企业在关键时刻才能渡过难关。当然,合伙人不一定是终身的,也不是一成不变的。约定合伙期限、建立淘汰机制、进行必要的考核或民主测评、实行动态调整,可鞭策现有合伙人,同时又为潜在的合伙人留下加入的空间,这样可以加强合伙制的弹性。

最后,选择合伙人还要兼顾性格互补。有的合伙人富有激情,满眼都是机会,浑身都是干劲;有的合伙人性格沉稳、思维缜密,既看到机会,也看重风险。合伙企业要走得长远,这两种性格的人缺一不可。

要完成一件重大的任务或事情,首要的是建立组织,而组织必须要有一个领头人,这个人是大家共同推选出来的领袖,并共同赋予他管理的权限,以提高管理、决策的效率。同理,初创企业合伙人团队也应有领头人,被称为主要创始人,他被推举为合伙人的领袖,既被赋予各种需要的权力,也受到限制。比如形成议事规则,组织草拟合作协议,提出股权分配方案等;明确主要创始人应担负的责任,明确哪些决定需要集体投票,哪些权力须在集体监督下行使,等等。这样,初创企业的各种活动才能有序展开。当然,其他内部合伙人也应该明确分工,谁负责什么工作、相应承担什么责任都应尽早明确。

由于合伙人团队是一个整体,需要大家同心同德、志同道合,因此某些人是不能成为合伙人的,哪怕仅仅是只出资、不出力的外部合伙人:

一是有诈骗经历的人；

二是言而无信的人；

三是喜欢拉帮结派的人；

四是经常挑战公平原则和公共道德的人；

五是凡事喜欢走极端，具有极端倾向的人。

堡垒总是从内部被攻破的。这些不良的秉性是很难改变的。如果这些人成为内部合伙人，担当起管理职责，大多会暴露其自私自利的本来面目，让企业建立的规则制度荡然无存，造成劣币驱逐良币的恶果。天性会让他们做出损害企业利益的事情，等到恶劣的影响已经形成，企业再想做相应调整，会面临投鼠忌器，甚至造成尾大不掉的尴尬局面。如果这些人成为外部合伙人，他们随时可能产生恶劣的行为，让企业暴露在不安定的经营环境中。

在创业早期，合伙企业可能需要借助某些社会资源或某些特殊技能才能起步发展，对早期的资源承诺者或技术、技能提供者应不应该给予股权，把他们变成企业的合伙人？

由于公司的价值需要创业团队投入大量的时间精力去实现，因此对于只是承诺投入资源，但不能全职或只是利用部分时间参与公司经营的人，企业还是优先考虑项目提成或采用其他的回报方式，而不是直接把他们作为企业的合伙人。

对于拥有企业所需要的技术或特别技能，但承担创业工作较少的兼职人员，公司最好按照外部顾问标准支付顾问费用，或仅配置少量股权，这样做可以使其他合伙人感受到公平。

企业控制权

股权结构是合伙计划中的根本要素。如果采用公司制架构来安排合伙股权结构,企业控制权问题就是重中之重。公司制下股权的一些分支点所对应的法律权利如下:

(1)若股权比例达到67%及以上,股东拥有绝对的控制权。股东可以修改公司章程,通过增加或减少注册资本的决议,以及通过公司合并、分立、解散或者变更公司组织形式的决议。

(2)若股权比例达到51%及以上,股东拥有相对的控制权。股东可以合并子公司报表;通过股东大会普通决议,如向其他企业投资、为他人提供担保等。

(3)若股权比例达到34%及以上,股东拥有一票否决权。即未经该股东同意,不得修改公司章程。

(4)股权比例达到20%及以上,是股东与企业是否具有重大同业竞争的警示线。

(5)若股权比例达到10%及以上,股东可以召集临时股东大会、临时董事会,申请解散公司。

(6)股权比例达到5%及以上是重大股权变更的警示线,需披露权益变动书。

(7)若股权比例达到3%及以上,股东可以在股东大会召开10日前提出临时提案并书面提交会议召集人。

(8)若股权比例达到1%及以上,股东可以行使代位诉讼权,即代替公司向侵犯公司权利的董事、高管或第三人提起诉讼。

如果持股比例没有达到法律要求的控股比例,可以通过一致行动人协议、委托投票权、AB股权、有限合伙企业架构、控制董事会等方式来做一些弥补性的安排。

一、一致行动人协议

简单地说,一致行动人协议就是某些股东为着共同利益或共同诉求就特定事项达成一致行动的协议,在行使表决权时,共同对该特定事项做出相同意思的表示,形成对公司重大决策的决定性影响。

二、委托投票权

委托投票权,是指企业某些股东通过协议约定,将其投票权委托给某特定股东行使的行为。在股权分散或几个股东股权比例非常接近的情况下,企业通过委托投票权的方式使该特定股东的表决权达到控制企业的水平。

委托投票权主要关注以下几个问题:
(1)是否构成信托持股和委托持股;
(2)是否存在潜在纠纷和风险;
(3)是否构成实际控制人变更。

三、AB股制

AB股制又称双重股权结构,也称二元股权结构、双重股权制,是一种通过分离所有权和控制权来对公司实行有效控制的手段。与同股同权的制度不同,在双重股权结构中,股份通常被划分为高、低两种投票权,高投票权的股票拥有更多的决策权。

在公司上市后,财务投资者往往很快出售手中股份进行兑现。但创始人一般不愿意卖掉自己辛辛苦苦创建起来的企业,更希望继续拥有企业的控制权,因此设计出双重股权结构,将股票分为A、B两类。如向外部投资人公开发行的A类股票,由一般股东持有,每一只股票只有1票的投票表决权,有的甚至没有表决权;管理层持有的B类股票每一只拥有10票表决权。B类股不公开交易,流通性受到限制,而且投票权仅限管理层本人使用,条件允许时可以按照1∶1的比例转换成A类股票。作为补偿,高投票权的B类股票取得的股利水平一般较低,不允许或在规定年限后(一般为三年)可转换成低投票权股票。如果公司被出售,这两类股票则同股同权。

这种双重股权结构可以让管理层比较容易掌握公司的控制权和决策权,进而放心大胆地经营公司,不用担心会被辞退或面临敌意收购而失去对公司的控制权。

虽然《公司法》的基本精神是同股同权,但设立A、B股的公司优刻得,已于2020年1月20日在上海证券交易所科创板上市交易。2018年4月24日,中国香港证券交易所发布IPO新的规定,允许双重股权结构公司在中国香港证券交易所上市交易。

双重股权结构存在制度性的缺陷,容易导致管理层的独裁,加剧经营者的道德风险。拥有高投票权的管理层会做出有损于其他股东利益的选择,不利于保障大多数股东的利益。研究表明:推行双重股权结构的公司中,拥有高投票权的决策者往往会浪费财务资源;即使在经营过程中做出了错误的决定,决策者所承担的责任和后果也有限。

四、有限合伙企业架构

有限合伙企业与普通合伙企业的区别是:普通合伙企业的所有出资人都必须对合伙企业的债务承担无限连带责任;有限合伙企业由普通合伙人和有限合伙人组成,由普通合伙人执行合伙人事务,负责合伙企业的经营管理,但需对合伙企业的债务承担无限连带责任,有限合伙人不执行合伙事务,仅以其出资额为限对合伙企业债务承担有限责任。

在合伙企业中,普通合伙人的出资占比很小,绝大部分资金来源于有限合伙人的出资,而对外投资的款项则是普通合伙人和有限合伙人出资的总和。合伙企业对外投资占比达到被投资企业的绝对或相对控股权的水平时,由于普通合伙人负责整个企业的经营管理事务,有权代表合伙企业,因此普通合伙人可以通过很小的股权比例控制被投资企业。

五、控制董事会

一般情况下,企业很少召开股东大会,主要的经营事项都通过董事会来决定。董事会实行一人一票,股东自己提名、推荐的董事可决定董事会的投票结果,直接影响和干预了企业的重大决策,相当于获得了对企业的控制权。

在企业控制权问题上,主要创始人股东需对股权结构进行整体、长远的规划,按合伙人会议或实际控制人的意图来分配股权,掌握控制权。合伙人特有的权利该不该给,一开始从根本上就应有所考虑,防患于未然。生意做亏了,还可以从头再来,若合伙人内部发生了争斗,代价往往很大,不光大伤感情,还会耗费巨大的精力,耽误企业发展的大好时机,造成合伙人团队精神和财产的双重打击。

股权分配

社会中的人,凡涉及金钱、权利、名望和地位,只要条件成熟,就会有数不清的明争暗斗。股权结构是创业者最早的争斗表现,遏制争斗的最好方法就是在企业创立初期构建控制权相对稳定的股权结构。

股权结构的规划中,各合伙人的实力是考虑的重点。股权比例实际上是由各个合伙人实力和重要性决定的。主要创始人不能为了义气和所谓的公平,将股权简单分配,否则会为将来内部发生股权之争埋下隐患。股权分配首先应该在合伙人之间经过认真充分商谈,其次由合伙人会议仔细权衡,最后确定各合伙人的股权比例。

股权结构可从以下两类情况分别考虑:

（1）实施股权激励的股权结构。创始人股东实施股权激励使企业的精英团队变为内部合伙人，可供参考的目标结构为：视企业规模的大小而定。规模大的企业，一般用于股权激励的股份比例不超过10％；规模小的企业，该比例不超过20％。大多数企业股权激励的比例应介于两者之间，这样，主要创始人始终保持着对企业的控制权，为进一步股权融资或引进人才预留了空间，企业股权结构也能保持相对稳定。

（2）共同创立企业的股权结构。由几位创始人共同创立的企业要平衡好以下三种关系：第一，企业的控制权与调动创始人积极性之间的关系；第二，企业的集中决策与民主决策之间的关系；第三，内部资源与外部资源之间的关系。如果这三点可以平衡好，股权就是创始人组建团队、吸纳资源的宝贵工具。

通常情况下，在创业初期，企业要完全平衡好这三种关系绝非易事。因为创业企业的合伙人团队结构一开始不可能很完善，所以企业要完善这三种关系还需要引进更优秀的人才。而企业预留一部分股权，作为预留股权池，能吸引符合公司发展的优秀合伙人。这部分股权，可以由合伙人团队指定某位创始人代持。

共同创立企业的股权分配，涉及创始人的数量问题。那么一般创业企业需要几名创始人是比较好的组合？

事实上，最佳创始人数量的问题是没有答案的，创业企业并不会因为拥有最佳的创始人数量而走向成功，也不会因为少于一定的创业人数就宣告失败。

依据前面列举的各股权的分支点及相应的法律权利，我们来探讨控制权相对合理且稳定的股权结构。

对于共同创立企业的股权结构,主要创始人股东有三个分支点需要重点考虑:绝对控股、相对控股、一票否决权。据此,可以演绎出以下三种股权结构:

第一种:主要创始人股权比例达67%及以上,其他联合创始人股东的股权合计占比不超过33%。这种股权结构明确了企业的实际控制人,确立了主要创始人的绝对控股地位。如果企业未来再引入新的投资人,主要创始人的控股权会被稀释而达不到绝对控股的水平,因此应在创立时,签订创始合伙人一致行动人协议。

第二种:主要创始人股东的股权比例为51%～60%,其他联合创始人股东的股权合计占比不超过40%。这种股权结构明确了企业的实际控制人,确立了主要创始人的相对控股地位。如果企业未来再引入新的投资人,主要创始人的控股权会被稀释而达不到相对控股的水平,因此应在创立时,签订创始合伙人一致行动人协议。

第三种:主要创始人股东的股权比例为34%～50%,其他联合创始人股东的股权比例合计占比为50%～66%。这种股权结构中,主要创始人拥有一票否决权。

以上三种股权结构,没有绝对的优劣之分,但拥有第一种和第二种股权结构的企业团队可能会更稳固,合作的效果会更好。采用这两种股权分配比例的合伙人团队中通常会出现一位能干的、分量较重的创始人,其他合伙人发自内心地认可这位创始人的重要性和地位,愿意让他作为领袖带领大家一同创业,心甘情愿地接受相对较低的股权比例。创业企业有了这位能干的、能带领大伙一起干的合伙人作为主心骨，才能有核心，才能保持正确的发展方向，在市场机会来临时，才会快速地做出决断，更好地抓住机遇并发展壮大。在危机来临时，这么一位作为中流砥柱的领袖会带领大家一起力挽狂澜，走出危机。或者这位主要创始人会利用他掌握的核心技术，让企业拥有核心竞争力，在市场中获得一定的份额，在行业中立足。

第一种和第二种结果充分体现了合伙人团队力量的均衡、稳定，是全体合伙人共同评判和实力对比的结果，归根到底是由主要创始人在合伙人中的影响力和重要性决定的。有了这位让大家信服的合伙人做领袖，团队才能长久稳定地围绕在他身边，大家才更容易团结一致开展工作，企业才能稳定地发展。

第三种股权结构并没有在合伙人中产生绝对的领袖，最大的创始人股东也只有一票否决权。在重大问题、重要决策面前，企业更多地会使用民主决策的程序，但决策效率不高，导致在市场竞争激烈的情况下，错失很多发展机遇。只有不利于企业发展的选择出现时，才会有人否定选项。虽然这样做可以杜绝企业发展的一些风险，但企业发展速度缓慢，在危机来临时，没有人站出来掌控局面，企业经受不住大风大浪的考验。

另外，主要创始人持股比例过低，股权过于分散，虽然企业有第一大股东，但其股权比例低于50%，不利于对外进行股权或债务融资。企业的股权融资往往需要经过两到三轮，主要创始人的股权会一再被稀释，造成实际控制人的缺失，动摇投资人的信心，直接影响企业的股权融资;阻碍证监会等对公司IPO的审核,影响企业的上市计划。而对于企业的债务融资,由于实际控制人不明确,因此债权人会心生顾虑,导致债务融资难以进行,或债务融资规模难度加大。

股权缺陷

企业的未来将面临各种风雨,股权结构是企业大厦的根基,各合伙股东对企业的影响如影随形。如果股权架构一开始就带有缺陷,一旦发生不利情形,修正的代价往往就会很大。

雷士照明是国内照明行业龙头企业之一,其创始人是吴长江,然而吴长江早已不再是雷士照明的股东。

1985年,吴长江考上大学,毕业之后,有了一份稳定的工作。1992年,他辞掉工作,南下闯荡,进入了一家照明工厂。在工厂积累了一定的经验之后,他再次选择辞职,并找到另外五个股东,合伙成立了惠州明辉电器公司。初次创业,由于股东太多,公司内部经常产生意见分歧,于是吴长江决定离开。

1998年,吴长江开始了第二次创业,正式开启了自己的照明事业。吴长江和他的另外两名高中同学合伙成立了新的公司,组建了雷士照明。吴长江出资45万元,占股45%;另外两名同学各出资27.5万元,各占股27.5%。股权结构近乎三足鼎立,公司没有产生控股股东。当时吴长江有实力可以持有更多的股权,但他重情义，认为控股权不重要，因此就形成了上面的股权结构，这给他后来的事业埋下了巨大的隐患，并最终演化成恶果。

我们讨论过三种典型的合伙股权结构，以及股权结构对创业企业日后运营产生的不利影响，以下这些是创业企业应该尽可能避免的股权缺陷。

一、一股独大

如果主要创始人股权占比接近100%，创业企业就无法形成核心团队，除了主要创始人一个人在创业，其他人相当于打工者。企业缺少必要的资源和人脉，三种平衡关系也无从谈起，企业难以做大。

二、股权平分

主要创始人也可能会想，大家诚心诚意合伙，为了平等起见，把股权平均分配，这是股权结构中的大忌。股权平分虽然听起来合理公平，但合伙人度过了创业初期的"蜜月"后，就会发现大家对公司的贡献不可能是平等的，有人贡献大，有人贡献小。人的能力有大小之分，风险、责任的承担也不会均等，如果持有同样的股份，势必导致贡献大的人心态失衡，最终引发合伙人之间的矛盾，有面临散伙的可能。

比如，在不考虑后续资本投入的情况下，两个合伙人股权比例为50%∶50%，若双方意见不一致而相持不下时，合伙人团队可能面临两个结果：一是散伙；二是无法快速做出决策，企业陷入僵局，失去前进的方向。

三人合伙,股权比例分别为 33.33%、33.33%、33.33%。虽然股权比例协同,但是每个人对企业的贡献不可能一样,总会出现有人搭便车的现象,容易出现互相推诿的情况;任何两方的组合都能产生绝对控股的结果,导致企业发展战略的动摇。这种股权结构导致三足鼎立,决策难以统一,决策效率低下。

四人合伙,各占 25% 的股权份额。机会来临时,没有一个核心创始人主持工作;风险来临时,谁都不会主动承担责任和风险。企业无法迅速做出有效的决策。

从这些股权结构看,人人都接近平均水平,看似公平、和谐,但实际上潜在的问题会更大。一方面,由于大家份额相同,每个合伙人都认为自己是老板,都觉得自己可以说了算数,但其实谁说了都不算数,企业没有核心,无人主事,往往会贻误战机;另一方面,相同利益的合伙人产生的表决权组合足以和另一方形成抗衡,直接推翻企业原有的发展战略。人的天性是趋利避害,当与自己的利益违背时,不愿承担过多的责任,一旦问题爆发,企业就会出现群龙无首的局面。因此,平均分配的股权结构实际上是一种很不稳定的股权结构。

三、股权比例分配在特别分界点

比如甲、乙、丙股权比例分别为 49%、47%、4% 的三人合伙企业,《公司法》赋予了甲和乙一票否决权。作为合伙人,丙和甲、乙任何一个股东联合就会拥有超过半数的表决权,在法律上产生两个控制权组合,可能产生对既定经营方针的改变;由于甲和乙股权比例非常接近,因此很容易产生遇事互相推诿的情况,而有利益时易产生相互争夺控制权的动机,企业增加了发生内斗的风险。

丙的股权占比太少,与甲、乙相比利益相差过于悬殊,导致其不能长久地留在企业。丙还可能会成为甲或乙拉拢的对象,也很容易要挟甲或乙任何一个股东,可能会产生一些有利于自己而对企业不利的行为。这种两大一小的股权结构属于博弈性的股权结构。

再比如甲、乙、丙股权比例分别为40%、30%、30%。乙、丙任何一方与甲的股份组合都会产生这样一个结果:30%+40%=70%,而70%已经超过三分之二,足以联合起来行使绝对控制权,产生两个绝对控制权组合,这可能改变既定的企业发展思路或战略,或使企业既定的商业模式产生重大改变;另一位合伙人若对此不满,则增加了企业解散的风险。假如乙与丙联手,他们的股权比例加起来为60%,超过了二分之一的相对控股权,那么大股东的表决权容易被架空。

再比如四个合伙人,甲、乙、丙、丁持股比例分别为35%、29%、18%、18%,与上面的道理相同,组合的股权比例为36%、47%、53%、64%。虽然这些组合能从法律上拥有一票否决权和相对控制权,但就单一股权来看,表决权比较分散,决策成本高,不能激发主要创始人的全身心投入。

综上所述,合伙人团队在确定各合伙人股权比例的时候,应通过股权比例的组合来判断是否会触及几个重要的股权分支点，预测对控制权、投票权或决策权、利益分配的内在影响。尽管最终的股权分配比例还是取决于几位创始合伙人的实力地位和协调的难度，但这些方法会帮助创始人团队厘清思路，对股权结构对未来可能产生的具体影响看得更清楚、理解得更透彻，在构思和协商确定股权结构时可以有意识地避开这些缺陷。

总的来说，股东众多、股权分散的结构一般会导致决策效率低、企业发展速度缓慢。在利益面前，各合伙人之间也难免出现合纵连横的情况，导致合伙人内部产生分裂。

四、没有尽早确定股权比例

许多创业企业容易出现的一个问题是，在创业早期大家一起埋头拼搏，这时候企业的股权就像一张空头支票，没什么价值，合伙人都不会过多地考虑各自占多少股份和如何取得股权。等到企业的前景越来越清晰时，企业价值则得到了体现，早期的创始人才开始关心自己的股权份额。如果到这个时候再去讨论股权怎么分，很容易因分配不能满足各合伙人的预期，导致团队合作出现问题，影响企业的发展。

合伙人之间一旦确定了职责分工，大家对各合伙人的重要性和价值取得了一致的认同时，就应该确定各合伙人的股权比例，并签订合伙协议。如果存在期权、限制性股权或股份代持等特殊安排时，合伙人就要尽早签署相关协议。同时，企业还要约定合伙人的退出机制以及对将来退出的股权如何处理。

五、没有区分早期资源的投入和持有股权的关系

在创业早期,很多创始人选择不拿工资或只拿很少工资,而有的合伙人因为个人状况需要从企业里支取工资。有人认为不拿工资的创始人可以多拿一些股份,作为创业初期不拿工资的回报。

问题是,不可能清楚地计算出应该给多少股份作为初期不拿工资的回报。比较好的方式是企业将没有支付的工资进行记账,等企业的财务状况比较宽松时,再补发所欠的工资。

同样性质的问题:如果有的合伙人为企业提供了设备、专利、知识产权或其他有价值的东西,那么最好的方式是通过公平的价格明确购买关系,签署购买协议,待企业现金宽裕后再支付。

非对等分配机制

一旦合伙企业盈利,在现金富余的前提下,合伙人就可以考虑分红。在常规情况下,按同股同权的约定,企业按各合伙人的出资比例分取红利。但由于企业在创建或实际经营中面临的一些特殊情况,为了使各合伙人股东达成合伙意向,并尊重内部合伙人的人力资源投入,调动各方的积极性,做到优势互补,可以约定不按投资比例分红,这一合作方式被称为"非对等分配机制"。

为了鼓励内部合伙人(在职合伙人)的积极性,激发他们发挥潜能,尊重他们的劳动付出和对企业做出的贡献,同时又兼顾外部

合伙人(投资合伙人)投入资金的风险和收益,企业可以按以下方式约定收益分配:

一是出资人优先的分红原则。双方合伙人可以约定:在企业成立早期,投资合伙人多分红,在职合伙人少分红。待投资合伙人收回投资后,在职合伙人再多分红,投资合伙人则少分红。

二是出力者优先的分红原则。双方合伙人可以约定:在职合伙人优先按一定比例多分红,到达某个条件后,投资合伙人再多分红,或双方按投资比例分红。

三是动态、阶梯比例分红。针对可分配利润规模等级,双方可约定阶梯式的分配比例,兼顾双方的利益、贡献和风险,达到保护在职合伙人的积极性和投资合伙人利益的平衡。

这些非对等分配机制可以从相关法律中找到其法理依据,为合伙企业采用非对等分配机制奠定了法律基础。因此,这些分配方式可以受到法律的支持和保护。除个人独资企业外,依据相关法律,共同设立企业的存在形式有以下三种:

一是合伙企业。依据《中华人民共和国合伙企业法》,无论是有限合伙企业还是普通合伙企业的利润分配,均按照合伙协议的约定办理;合伙协议未约定或者约定不明确的,由合伙人协商决定;协商不成的,由合伙人按照实缴的出资比例分配;无法确定出资比例的,由合伙人平均分配。

二是有限责任公司。有限责任公司的权利和利益分配:资本不分为等额股份,股东拥有的权利大小主要依据出资比例的高低。通常情况下,按出资比例分取红利。与股份有限公司不同的是,

《公司法》允许有限责任公司的股东通过公司章程自行约定表决权的行使和是否按出资比例分配红利等。如《公司法》第四十二条规定："股东会会议由股东按照出资比例行使表决权；但是，公司章程另有规定的除外。"第三十四条规定："股东按照实缴的出资比例分取红利；公司新增资本时，股东有权优先按照实缴的出资比例认缴出资。但是，全体股东约定不按照出资比例分取红利或者不按照出资比例优先认缴出资的除外。"因此，有限责任公司股东的权利可能出现两个不对等：一是股东的出资比例与行使表决权的比例可以不对等；二是股东的出资比例与分红比例也可以不对等。

三是股份有限公司。依据《公司法》，股份有限公司普通股的股东须同股同权、同股同利。正常情况下，依据公司章程进行利益分配，规则清晰简单。但如果股份有限公司发行优先股，则优先股和普通股的利益分配则会区别对待，它们的权利和利益分配如下：

（1）普通股股东可以全面参与公司的经营管理，享有财产收益、参与重大决策和选择管理者等权利。与此对应，优先股股东不参与公司的日常经营管理，不参与股东大会投票，只在某些特殊情况下才具有表决权，如公司决定发行新的优先股，优先股股东则拥有投票表决权；公司在约定的时间内未按规定支付股息，优先股股东可按约定恢复表决权以保护自身的利益，如果公司支付了所欠股息，已恢复的优先股表决权随即终止。

（2）相对于普通股股东，优先股股东在公司利润和剩余财产的分配上享有优先受偿权。

（3）普通股股东的股息收益并不固定，既取决于公司当年盈利状况,又取决于公司当年的股利分配政策。如果公司决定当年不分配,则普通股股东就没有股息收益可言。而优先股的股息收益一般是固定的,尤其对于具有强制分红条款的优先股股东,只要公司有利润就应当分配,按照约定的数额向优先股股东支付股息。

(4)普通股股东除了取得股息收益外,二级市场股票增值也是普通股股东重要的收益来源;而优先股的股价在二级市场上波动相对较小,依靠买卖价差获利的空间比较小。

(5)普通股股东不能要求退股,只能在二级市场上变现退出或通过股权转让退出;但对优先股而言,如有约定,优先股股东可依据约定由公司赎回股票。

因此,如果股份有限公司采用非对等分配机制,需要从优先股的角度考虑问题。

非对等分配机制下合伙创办企业的组建和利润分配示例如下:

示例一

张某从事某行业多年,有着丰富的管理经验和人脉,于是决定自己创业。创业启动资金预计100万元,但他手头没有钱,于是找朋友李某商量,邀请李某一起合伙开公司,李某刚好也有对外投资的想法,两人一拍即合。

两人合伙开公司,但张某无钱出资,如果作为股东一起分红,两人都觉得不妥当。如果仅仅把张某当成打工者,让张某拿工资,李某又担心自己没有任何该行业的经营和管理经验,更没有这方面的人脉资源,万一哪天张某不干了,公司就开不下去了。

经过协商,张某和李某达成了以下合作协议:

第一,张某负责编制可行性计划以及资金回笼的方案。

第二,张某若能保证一年内收回投资100万元,则由李某单方面投入100万元,其中30万元无息借给张某,作为出资款,占30%的股份。借给张某的30万元分两年等额归还给李某。

第三,为了鼓励张某工作的积极性,双方还做了阶梯式分红方案:若回收资金为100万~200万元,李某分取回收资金的70%,张某分取回收资金的30%;若回收资金为200万~300万元,李某分取60%,张某分取40%;若回收资金为300万~400万元,李某分取50%,张某分取50%;若回收资金为400万~500万元,李某分取40%,张某分取60%;回收资金为500万元以上,李某分取30%,张某分取70%。

此类分配机制既解决了资金和经营管理、市场等资源整合的问题,又解决了经营者的激励问题,达到了合伙的目的。

示例二

王某和张某合伙开一家婚庆公司,预计投资100万元。王某有自己的事业,同意出资60万元,但他只打算做财务投资,不想参与经营管理,计划在公司做到了一定的规模或建立了品牌后,转让股权获取投资收益。张某是专业人士,同意出资40万元,计划由自己出任总经理,全权负责公司的一切事务。他们可以约定以下利益分配方案:为了调动张某及经营团队的积极性,同时兼顾投资合伙人的利益,公司可把利润分配依据划分为资本股和人力股两类。如约定资本股的分红比例为70%,人力股的分红比例为30%。

王某的出资占比为60%,资本分红比例则是42%;张某出资占比为40%,资本分红比例则是28%。

由于张某既是专业人士,又是经营管理者,因此作为他付出的奖励,公司将人力股的一半分给他,其人力股的分红比例为15%,另外15%则奖励给团队成员。

各自最终的分配比例:王某,仅拥有资本股的分红权,分红比例为42%;张某拥有资本股和人力股,分红比例为43%;授予团队的人力股的分红比例为15%。

他们还可以约定阶梯式分红方案:可分配利润在30万元以下的,人力股的分红比例为0,资本股的分红比例为100%;可分配利润在30万元以上、100万元以下的,人力股的分红比例为10%,资本股的分红比例为90%;可分配利润在100万元及以上、200万元以下的,人力股的分红比例为20%,资本股的分红比例为80%;可分配利润在200万元及以上、300万元以下的,人力股的分红比例为30%,资本股的分红比例为70%,依此类推。

这种与股权比例非对等的分配机制,有力地提升了不同合伙人创办企业的成功率,使占有不同资源的合伙人整合在了一起,实现各方优势互补。采用动态、阶梯式的分配方案能有效地调动内外部合伙人和经营团队的积极性,充分挖掘和释放经营团队的潜能。

合伙人退出机制

企业的价值是经过全体合伙人长时间持续共同的努力才能创

造和实现的,合伙人的稳定有利于企业的发展。但由于各种原因,合伙企业会有新人加入,也会有旧人退出。为了公平对待其他合伙人,减少合伙人非正常退伙给企业造成的损失,规范合伙人的权利义务,避免合伙人在退伙时引起不必要的纠纷,企业需要对非正常退伙的各种情形进行事先约定,建立合伙人的退出机制,管理好合伙人的行为和预期。

合伙人能否继续持有企业的股权,继续享有企业分红权?合伙人能否享受企业已经实现的增值?股权以何种方式转让?企业是否承诺回购?企业以何种方式减资?企业以何种价格,如溢价、平价或是折价等来履行退伙程序?

合伙人退伙的情形可以分为正常退伙和非正常退伙。正常退伙分为企业上市退出,被并购退出,企业减资、企业被清算或破产清算等法定解散而退出,合伙人约定期限到期的当然退伙等。非正常退伙,是指在合伙过程中,由于合伙人个人方面的原因或企业方面的原因,导致合伙人在合伙期限到期前退出企业的情况。

一、合伙人个人原因导致退伙的情形

(1)合伙人中途离职退伙。

(2)合伙人因绩效不达标被要求退伙。合伙期间,各合伙人有所分工,在企业中约定各自承担的某些业绩和任务,后来由于种种原因和自身能力的限制等,不能兑现承诺,因而不再合适作为企业的合伙人,经其他合伙人一致要求某合伙人退出企业,收回其股权。

(3)合伙人由于重大过错被迫退伙。合伙人由于重大过失给企业造成了不可挽回的损失,经其他合伙人一致同意将其劝退或除名。

(4)合伙人故意损害企业利益。如果合伙人故意损害企业的利益,经其他合伙人一致同意将其劝退和除名。为防止合伙人中途退出却不同意放弃持有企业的股权,可在合伙协议中事先设定高额的违约金等条款。

二、企业方面的原因导致退伙的情形

(1)企业盈利,有条件分红却连续两年不向股东分红。

(2)合伙人对企业合并、分立、转让主要财产等重大事件持反对意见。

(3)企业连续两年无法召开股东大会且经营发生严重困难。

(4)公司董事之间发生长期冲突,无法通过董事会或股东会解决,且经营发生严重困难。

(5)公司经营管理出现其他严重困难,公司存续给股东造成更大损失。

第四章　有效激励

一转眼，已是盛夏时节，某天我应约和一位姓王的老板单独见面。这位朋友先前在电话里说，公司的业绩和人员规模较以前上了一个台阶，但近些日子高管团队和员工的工作积极性越来越差，工作效率越来越低。团队不再齐心协力，而是相互推诿、相互指责，办公室里充满了怨气，队伍很难带，他想见面聊聊。

似曾相识的团队

约五年前，这位姓王的朋友打算创业。经过精心准备和周密筹划，他成立了一人有限公司，公司很快招募了一批员工，业务也按照预先制订的发展目标和规划迅速推进。员工们习惯称他为王老板。

王老板的公司所处的行业发展势头很好，员工们个个情绪高涨，铆足了干劲。王老板满怀信心，抖擞精神，带领队伍攻城拔寨。公司业务开局良好，第一年、第二年经营目标相继达成，年度业绩、盈利均超过预期。

公司员工采用年薪制，奖金占员工工资总额的三成，奖金一般在年终准时发放到位。公司年会上，王老板会按大多数企业的惯例，表彰先进，并及时予以奖励，同时公布下一年度的发展目标和经营计划。为了配合下一年度业绩增长的目标，各个部门招兵买马，补充人手。

第三年经营目标也达成了，经营还算顺利。公司的薪资结构与上一年相同，奖金在春节前发放到位。年会上，王老板按惯例，继续表彰先进，公布下一年度经营目标。

接下来的两年，公司业绩连年增长，但产能已满足不了市场需求，需要增加生产设备，扩建厂房，招聘、培训技术工人。因此，王老板要求厂长尽快扩充产能。

与此同时，市场销售开始频频出现问题，后勤供应得不到保障，客户投诉得不到及时处理。销售人员意见很大，客户矛盾不断激化，为此公司聘请了市场销售总监加强相关的工作。

随着经营规模的扩大、厂房设备的投入，公司资金越来越紧张，资金、生产成本、费用等都需要加强管理，于是王老板聘请了财务总监。

公司各个部门再次补充人员，机构和人员编制得以健全完善，至此公司已具备了一定的规模。为了加强内部管理与协调，让自己腾出手来筹划公司未来的发展，王老板还聘请了总经理。

随着业务的拓展，公司面临的经营管理问题也越来越多。总经理和几位高管在经营思路、经营理念上与王老板产生了较大分歧，大家的思想一时难以统一。

公司人员的增多、机构的完善不仅没有使问题得以解决，反而使问题增多。王老板越发焦急,不时地出现在第一线,亲自上阵指挥,导致总经理和分管领导的积极性受到了严重的挫折。当公司中层意见不一致时,也无人协调,导致员工无所适从,王老板的指令也难以贯彻到底。

员工的工作积极性越来越差,不再像前两年,员工们凡事都齐心协力,现在却是相互推诿,甚至相互指责,那种情绪高涨、热火朝天的场面不见了,代之以充满办公室的怨气,公司整体的工作效率越来越低。

王老板一时不知如何破解困境。

人力资源部建议改善员工待遇,加大奖励力度和频率;行政部门建议改善办公环境。公司为此增加了通信、交通、餐饮补贴,以及一些福利待遇,并按季度评选和奖励先进员工。行政部门对办公环境做较大改善和提升,增加了员工休息室,配备了高端咖啡机、空气净化器等设备,补充了绿色植物,以此来提升员工体验感和办公舒适度。公司还成立了工会,进一步完善职工福利;拨付了专项体育活动经费,号召大家积极参加各种体育健身活动,寄希望于改善团队关系和精神面貌。

然而这些举措既没有改善团队关系和精神面貌,也没有提振员工的士气。公司仍有员工继续提出辞职,部门经理也提交辞呈,高管也萌生去意。尽管公司市场份额还在继续扩大,但公司的盈利水平却出现下滑。

王老板极度焦虑,暗自思忖:员工待遇相比行业同类企业不算差,为什么员工的积极性就是调动不起来呢?公司的问题到底出在哪？这么几年的时间，怎么一切都变了？前几年热烈的场面怎么就不见了呢？

王老板对每个经营环节都进行了认真梳理，认真回顾和反思公司的管理状况。他认为，由于前几年行业势头不错，因此业务开展较为顺利。员工人数不太多，技术、市场、销售环节没有遇到太大的困难，良好的销售业绩掩盖了企业的管理问题。随着新员工的加入，企业人数不断增加，但整体的协调性差导致整体工作效率的下降，尤其是高管内部对公司未来发展没有形成统一的思想，缺乏交流与沟通。由于一心忙于业务，因此王老板没有花时间和精力来加强这方面的工作。

王老板最终觉得需要加强团队的沟通与交流，要统一高管和核心骨干的思想，依靠团队来管理企业的运营；公司缺乏与团队业绩挂钩的激励机制。

虽然他对激励机制相关知识几乎一无所知，但为了改变管理现状，提升公司运营效率，王老板决定从头学起。

理论精要

王老板打开尘封已久的几本管理学书籍，顿时被书中的激励理论所吸引。

激励理论是关于如何满足人的各种需求、调动人的积极性的原则和方法。激励的目的在于激发人的正确行为动机，调动人的积极性和创造性,以充分发挥人的智力效应和潜在的动能,最终获得最好的成绩。

激励理论认为,工作效率和劳动效率与员工的工作态度有直接关系,而工作态度则取决于需求的满足程度和激励因素。激励理论主要包括内容型激励理论、过程型激励理论和行为后果理论。这些基础理论主要从人的心理、性格和行为等方面开展研究。

一、内容型激励理论

内容型激励理论,是指针对激励的原因与起激励作用的因素进行研究的理论。这种理论以满足人们的需求为出发点,从而激发人们的动机和动力,该理论重点研究激发动机的诱因。

(一)需求层次理论

美国心理学家亚伯拉罕·哈罗德·马斯洛认为,人的需求可以分为五个层次:生理需求、安全需求、社交需求、尊重的需求、自我实现的需求。只有低层次的需求得到一定程度的满足以后,高层次的需求才有可能成为行为的重要推动因素。这五种需求是按次序逐级上升的。当下一级需求获得基本满足以后,追求上一级的需求就成了驱动行为的动力。当然,这种需求层次并不是一种需求百分之百得到满足后,另一种需求才会出现。在正常的情况下,社会中大多数人都是在某一级需求部分得到满足后就上升到另一级的层次需求。

马斯洛把五种基本需求分为高、低两个级别,其中生理需求、安全需求、社交需求属于低级需求,这些需求通过外部条件使人得到满足,如借助于工资收入满足生理需求,借助于法律制度满足安全需求等。尊重的需求、自我实现的需求是高级需求,它们是从内部使人得到满足,而且一个人对尊重和自我实现的需求,是永远不会感到完全满足的。高层次需求比低层次需求更有价值,人的需求结构是动态的、发展变化的。因此,通过满足员工的高级需求来调动其生产积极性,具有更稳定、更持久的力量。

（二）双因素理论

研究结果表明:使员工感到满意的是工作本身或与工作内容相关的因素;使职工感到不满的,则是工作环境或工作关系方面的因素。前者叫作激励因素,后者叫作保健因素。

能产生积极态度、满意和激励作用的因素叫作激励因素,它是能满足个人自我实现需求的因素,包括成就、赏识、挑战性的工作、增加的工作责任,以及成长和发展的机会。如果具备这些因素,就能对人们产生更大的激励作用。

保健因素,如工资激励、人际关系的改善、良好的工作条件等,都不会产生更大的激励作用,这些因素只能消除不满意,即使达到最佳状态,也不会产生积极的激励作用。保健因素是必需的,不过它一旦被不满意中和,就不会产生更积极的效果。

保健因素的满足对员工产生的效果类似于卫生保健对身体健康所起的作用,只是预防性的,不是治疗性的。保健因素包括公司政策、管理措施、监督、人际关系、物质工作条件、工资、福利等。当这些因素恶化到人们可以接受的水平以下时,就会使人产生对工作的不满意。当人们认为这些因素很好时,它只是消除了不满意,并不会产生积极的态度。

双因素理论强调,不是所有的需求得到满足后都能激发人的积极性,只有那些被称为激励因素的需求得到满足时,人的积极性才能最大限度发挥出来。

如果缺乏激励因素,并不会引起很大的不满,而保健因素的缺乏,将引起很大的不满。在缺乏保健因素的情况下,激励因素的作用也不大。

(三)人本主义需求理论

美国耶鲁大学教授克雷顿·奥尔德弗在马斯洛提出的需求层次理论的基础上,进行了更接近实际经验的研究,提出人本主义需求理论。这种理论表明:人在同一时间可能不止有一种需求起作用;如果较高层次需求的满足受到抑制,那么人们对较低层次的需求的渴望会变得更加强烈。

马斯洛认为的需求层次,是一种刚性的阶梯式上升结构,即认为较低层次的需求必须在较高层次的需求满足之前得到充分的满足,二者具有不可逆性。人本主义需求理论则不认为各类需求层次是刚性结构,当一个人在某一更高等级的需求层次受挫时,那么作为替代,他的某一较低层次的需求可能会有所增加。例如,当一个人的成长空间或工作责任、工作内容、赏识、工作的挑战性等需求得不到满足时,他可能会增强对更多工资、福利或更好的工作环境、更好的人际关系等的渴望。

王老板在此处打了个惊叹号,在空白处写道:如果较高层次的需求得不到满足,人们就会向低层次需求寻求补偿。公司有责任对此加以正确引导,创造条件让员工向更高的需求层次迈进。他还在笔记里写道:工作内容、成就、赏识、挑战性、增加工作责任、个人成长与发展、受人尊敬是能产生更大、更持久激励作用的因素。

二、过程型激励理论

过程型激励理论重点研究从动机的产生到采取行动的心理过程。

(一)期望理论

期望理论是管理心理学与行为科学的一种理论。这个理论可以用公式表示为:激动力量=期望值×效价。

在这个公式中,激动力量是指调动个人积极性、激发人内在潜力的强度;期望值是指被激励对象依据自己经验判断达成目标的概率;效价则是指所能达成目标对满足个人需求的价值。这个公式说明,一个人估计达成目标的概率越高,达成目标对满足个人需求的价值越大,激发出的动力就越强烈,调动起来的积极性也就越大。

期望理论反映需求与目标之间的关系,要激励员工,就必须让员工明确:

(1)工作能给他们提供真正需要的东西。

(2)他们欲求的东西和绩效是联系在一起的。

(3)只要努力工作就能提高他们的绩效,即目标是可以达成的。

在企业管理中,运用期望理论调动员工的积极性有一定意义。

（二）公平理论

公平理论是研究工资报酬分配的合理性、公平性对员工工作积极性影响的理论。

该理论指出：人的工作积极性不仅与个人实际报酬多少有关，而且与人们对报酬的分配是否感受到公平密切相关。人们总会自觉或不自觉地将自己付出的劳动代价及其所得到的报酬与他人比较，并对公平与否做出判断。员工对公平的感觉直接影响其工作积极性和行为，积极性的激发过程是人与人进行比较，做出公平与否的判断，并据以指导行为的过程。

每个人都会自觉或不自觉地进行这种比较，同时也会自觉或不自觉地与历史比较。当员工认为受到了公平的待遇时，他们则会感到心理平衡，心情舒畅，努力工作；如果认为待遇不公平，则会产生怨恨情绪，影响工作积极性。当员工认为自己的待遇过低时，他们就会产生挫折感、义愤感、仇恨心理，甚至产生破坏心理。但也有少数情况，当员工认为自己的待遇高于某种水平，而产生一种不安的感觉或感激的心理。这与古人所说的"不患寡而患不均"是同一个道理。

三、行为后果理论

行为后果理论是以行为后果为对象，研究如何对行为进行后续激励，包括强化理论和归因理论。下面从实用角度，重点介绍强化理论。

根据强化的性质和目的，强化被分为正强化和负强化。在管理上,正强化就是奖励那些组织上需要的行为,从而加强这种行为;负强化与惩罚不一样,惩罚是对一些错误的行为采取的使人受挫的措施,负强化则是告知人们某种行为是不可取的,如果这种行为发生会受到什么惩罚,从而削弱这种行为。

王老板说,当他读到这里时,茅塞顿开。各种激励理论从不同的角度阐述激励的因素和激励的结果,让自己明白了如何针对性地进行团队激励,自己似乎找回了信心。通过对这些内容进一步的理解,王老板构思了一些团队激励的指导思想和原则:

(1)针对各高管特点设定具有挑战性的管理目标,充分予以授权,让他们承担更重要的责任。公司要创造条件增加他们达成目标的可能性,让他们获得成就感,并尊重他们的付出和产生的价值。

(2)个性化挖掘团队真正的需求,把它们与工作目标和业绩考核结合起来。

(3)建立公平的考核制度和薪酬体系。

(4)赏罚分明,奖功罚过。

(5)细化岗位职责,使其与员工才能匹配,让他们有个人发展的机会和成长的空间。

(6)重视工作环境和员工的工作关系,强化保健因素,消除员工内心的不满情绪。

王老板还觉得物质激励同样重要,应将员工工作绩效与公司的经营成果挂钩,让员工清楚地认识到只有付出才能获得更大的收益,使员工的贡献得到重视、尊重和认可,团队与公司利益共享。

王老板还暗暗下决心：公司要认真分析员工不同层次的需求，有针对性地制订激励措施，把公司变成满足员工生理、安全、尊重和自我实现需求的重要场所。

相得益彰

王老板继续说，西方的这些理论让自己对团队的激励有了更清晰的认知，它们揭示了现象背后的逻辑和原因，运用起来使人更有信心。根据这些年的经验，他深知人的因素在企业发展中的重要性，以及公司的效益对人的重大依赖性。

他停了停，继续说道，通过前段时间的经历，才知道调动员工积极性是一件很不容易的事情。依据对这些理论的认识，自己虽然构思了团队激励的指导思想和原则，但觉得还不够全面深刻，除了针对员工潜在的需求对症下药外，总觉得还需要做点什么才能使工作达到预期的效果。

我领会王老板的意思，西方的理论能帮助企业加深对人的行为意识的认识和理解，但由于他们的研究对象和中国人有一定的差异，其文化背景、行为习惯也有所不同，因此用这些理论设计激励机制缺少一些中国元素和本土的管理理念，亲和力显得不足，难以引起员工内心的共鸣，更达不到"润物细无声"的管理效果。

王老板问：哪些具体的中国元素和管理理念可以结合使用，让员工更容易接受？

具有中国元素的激励理念,首先表现在要对激励对象体现出情感与关怀,让员工内心感受到温暖,满足其一定的情感需要,建立起情感的纽带。其次,要充分表达对激励对象的信任、尊重和欣赏。

如"士为知己者死",作为一种情感激励,其效果极为明显,满足了人们渴望被理解、被赏识、被尊重和被关怀的情感需要。孙武要求将帅一定要爱护士兵,他在《孙子兵法》中写了对待士卒的态度:将帅如能像对待自己的爱子一样对待士卒,就能取得士卒的信任,他们会甘愿追随自己,赴汤蹈火。同样,管理者如果关心爱护团队成员,能欣赏团队成员的长处和优点,鼓励他们发挥这些优势,满足下属生存和发展的需求,使其得到心理和情感上的极大满足,那么他们的工作热情会受到更强烈的鼓舞。

老板通过换位思考产生相互理解的同理心,使情感的交流更加顺畅,让员工有强烈的归属感,这也是一种有效的激励手段。

人们常用"三顾茅庐"来形容礼贤下士的领导,这种对人才表达出高度尊重和赏识的态度,使下属对领导的知遇之恩怀有感激之情,被激励者对工作会尽心尽力。

中国传统的激励方法中,管理者以身作则,带头遵守纪律和规章,身先士卒,这是一种取得下属内心认可的有效激励手段。

相对而言,西方管理理论忽视了情感,认为人的行为是在追求本身最大的利益,工作的动机只是为了获得经济报酬;人的情感是非理性的,情感会干扰人对经济利益的合理追求,组织必须设法控制个人的情感。因此,西方管理理论强调管理控制制度的重要作用,主张对违纪者进行严厉处罚;主张实行刺激性的工资报酬制度,强调用严明的纪律来约束员工,用"胡萝卜加大棒"的方式来管理员工,导致劳资双方冲突尖锐。

西方管理者从一开始就偏重物质,抑制人的情感和精神,到后来逐渐发展成为物质和精神并重。不过,殊途同归,这反过来也说明在不同文化传统和社会制度下,人们有着共同的需求,激励思想有着共同的规律。

中国古人强调心治,特别重视赢得人心的意义和价值。《管子·心术》中说:"心安是国安也,心治是国治也,治也者治心,安也者安心。"它提出了以心治为管理重点的思想。心治是相对人治、法治而言的。心治,就是一个人在没有监督的前提下,也能严格按某种规范来要求自己。

在企业中,员工敬畏老板,不敢做坏事,严格遵从老板的指示;老板大多是具有个人魅力的人,是员工心目中的"教父",是企业的灵魂,企业是靠他的魅力和威信来治理的,这是人治。

前些年,国内的一些企业,由于创业者吃苦耐劳和敢为人先的精神积累了企业发展所需的稀缺资源,人们愿意追随这样的老板,企业有条件采用人治来管理,当时的社会环境和所处的时代造就了这些魅力型企业家。随着这些魅力型企业家的离去,面对员工群体文化程度的提高、社会对人力资本的重视和人才稀缺的现状,人治已失去了存活的土壤。企业靠人治很难做到可持续发展。

以制度实施作为管理基础的法治,也难以达到企业管理的理想目标。所有的法律制度只是道德的底线,法治只能让人们的行为不出格,只能达到管理的及格线,用制度管人、管事的法治只能满足企业基本的管理要求,不可能使企业管理优良。法治要求公正严明,但受制度合理性、健全性、可行性的影响,治理过头还会导致形式主义。在人力资本密集的企业,全凭制度管人反而会抑制人的积极性和主观能动性。因此,法治只能处于从属地位。

人治、法治和心治是管理的三个层次,中国成功的企业大多是采用这三个管理层次的某一种或三种管理层次的综合体。无论企业现在多么成功,处于第一种和第二种管理层次的企业很难做到基业长青。心治作为企业管理的最高层次,需要完善的制度作基础、优秀的企业文化作后盾,并唤醒员工自我发展的意识。从员工被管到自律,形成强大的文化惯性和氛围,焕发员工内在的动力。优秀的企业文化,需要老板下功夫培育,需要从中国传统文化中去寻找给养。

综合来说,一个良好的管理体系是西方的管理科学与中国的管理理念高度结合的结果。实践证明,二者相互补充、相得益彰。

王老板对此深表赞同。

他接着又问道:物质激励也不能缺位,采用哪种具体的物质激励方式比较好呢?

我建议,可以考虑推行股权激励计划,如果将其与上面这些措施和方式组合在一起,应该会取得较好的效果。

于是,我们将话题转移到股权激励。

股权激励

一、企业的估值

股权激励是国内外普遍采用的重要的激励手段,它有多种形式。在老板考虑要不要采取股权激励之前,首先要搞清楚企业的价值,也就是企业值多少钱,只有老板和被激励对象对企业的价值达成了共识,才能具备实施股权激励的基础。公司价值的评估共有四种方法:

一是按出资额估值。这种估值方法不考虑股本增值,被称为原始股,出资额就是企业的价值。它一般适用于企业刚刚成立,还没有开展经营活动时的估值。

二是账面净资产法。这种估值方法不考虑其他会计要素的增值,以会计核算计算出来的账面值作为净资产的价值,其价值主要来自出资额和累积的未分配利润。这种方法适用于没有可比企业可供参考时的估值。

三是市盈率法。它主要针对上市公司。非上市公司市盈率参照同行业的可比公司,通过企业净利润计算出企业的估值。

四是参照外部投资的价格估值。它用新近外部投资者出资的价格,核定企业的估值。

二、股权激励的常见类型

（一）虚拟股权

虚拟股权是成长型、现金流充足的企业所采用的股权激励形式。虚拟股票是指企业授予激励对象一种虚拟的股票，激励对象可以据此享受一定数量的分红和股价升值收益，但他们既没有所有权，也没有表决权，不能转让和出售股票，在离开企业时权利自动失效。由于在员工获取这类股权时无需进行工商登记，因此员工离职时，不需要再一次做工商变更登记，减少了手续上的麻烦。员工对虚拟股权可能有顾虑，由于股权是虚拟的，因此其激励效果可能会受到一定的影响。

虚拟股票可以被看作期股的一种变异，因为它借鉴了期股的一些特性和操作方式。比如，它同样需要公司在计划实施前与激励对象签订合约，约定授予数量、行权时间和条件等，以明确双方的权利与义务。但与期股不同的是，在虚拟股票计划中，员工并不拥有在未来按某一固定价格购买公司股票的权利，它仅仅只是一种账面上虚拟的股票。因此，从本质上讲，虚拟股票在一定程度上把员工的收入与企业的利润挂钩，是一种奖金的递延支付方式。

（二）干股

通常来说，干股是指奖励对象没有出资就获得的企业股份，它是企业在成立或存续的过程中，创始人或者初始股东依照协议无偿赠予非股东的股份。干股是协议取得，具有赠与的性质，要受到赠与协议的制约。当干股股东与其他股东或公司因发生纠纷进行诉讼时,干股股东的法律地位可能不被法律认可。

由于干股股权没有在工商档案中予以登记,没有被记载在公司章程中,缺少合法的股东会决议,因此股权赠与协议存在被认定无效、被依法申请撤销等风险。

根据股权赠与协议约定,干股可以分红,具有分红权。实际上,这种干股并不是股权,取得这种干股并不具有股东身份,它只是一种"奖金",属于劳动报酬,是老板对奖励对象的一种奖励。干股协议更贴切地说是分红协议,但干股将来也可以变成期权,这取决于协议条款的约定。

干股与虚拟股权有很多共同点:具有分红权,不用出资,没有所有权和表决权。

二者区别在于:虚拟股权具有升值收益权,在员工离开企业时自动失效;干股没有升值收益权,失效与否取决于股权赠与协议的约定。

(三)业绩股权(票)

业绩股权是指业绩稳定,且绩效管理成熟的企业在年初确定一个较为合理的业绩指标,如果激励对象到年底达到预定的目标,则企业授予其一定比例的股权。

对上市公司来说,业绩股票是股权激励的一种典型形式,主要针对工作业绩有明确的量化指标的业务负责人。同时,它也是在我国公司中最先得到推广、应用较为广泛的一种激励形式。

业绩股票的流通变现通常有时间和数量的限制,激励对象在若干年内经业绩考核通过后可以获准兑现规定比例的股票;如未能通过考核,或出现有损企业的行为,或非正常离任,则剩余的股份将会被取消。

（四）限制性股权（票）

限制性股权是指业绩和股价均比较稳定、有分红偏好的企业按照预先确定的条件授予激励对象一定数量的股权,但激励对象不得随意处置股权,只有在规定的服务期限后或完成特定业绩目标时,才可出售限制性股权并从中受益。否则,公司有权将免费赠与的限制性股权收回或以激励对象购买时的价格回购。

（五）股票增值权

股票增值权是指企业授予激励对象的一种权利,如果企业股权价值上升,激励对象可通过行权获得相应数量的股票升值收益。激励对象不享有股权所有权,不需进行工商变更登记,其操作简单。激励对象在行权时不需要支付现金,但需要明确股权价值以确定其增值。

由于股权价值的确定是关键,因此上市公司用得较多,非上市公司应事先明确股价的确定方式。在股票市场的股价与企业业绩关联度不大时,如市场非理性、弱相关,即使公司净利润下降或亏损,股价仍上涨,这时采用这种激励方式对业绩目标的激励作用有限。

（六）账面价值增值权

这种方式是直接用每股净资产的增加值来激励相关人员。激励对象的收益与公司的净资产息息相关,与股价无关,这种方式使业绩与管理水平直接挂钩,激励效果明显。按激励对象是否出资,账面价值增值权可以分为购买型和虚拟型两种,在操作过程中可以和股票期权结合。由于企业净资产往往增加幅度有限,因此相应激励对象的收益不会有爆发式的增长,这种激励方式比较适合现金流充裕且净资产增长相对较快的企业。

（七）股票期权

股票期权是指公司授予激励对象一种权利,使激励对象可以在规定的时期内以事先确定的价格购买一定数量的本公司流通股票。股票期权只是一种权利,而非义务,持有者在股票价格低于行权价时可以放弃这种权利,因而对股票期权持有者没有风险。此外,股票期权的行权也有时间和数量限制,且需激励对象为行权支付现金。

股票期权是国际上比较经典、使用范围较广泛的一种股权激励形式。激励对象在规定的时间内可以自行选择是否交易行权,行权后可以注册成为公司股东。这种方式上市公司用得较多,但对于非上市公司,其实际激励的效果更为明显,应明确股价的确定方式。

期权有三个重要的时间点:一是授予期,要明确授予的时间、数量、价格和股份来源,签订协议;二是锁定期,努力达成行权的业绩条件;三是行权期,业绩达标,或公司上市,激励对象可以根据自己的选择,完成资金交割,拥有股份。

（八）期股

期股是指激励对象通过首付、分期还款方式拥有公司股权的一种股权激励方式。这种方式一般是通过公司或大股东借款给激励对象作为购买股权的投入,激励对象再分期还款。在借款全部还清前,激励对象仅参与分红但不能将红利全部取走,只有在还清所有借款后才能拥有完整的股权所有权和取回所有分红。

期股收益难以在短时间内兑现,具有长期的激励效果,同时激励对象享有股权所有权,与现有股东承担同样的风险,可能面临亏损的后果,相应的压力也较大。要想把期股变为实股,双方必须共同努力,将企业经营好,有可供分配的红利。如果企业经营不善,不仅期股不能变实股,本身的投入都可能亏掉。

三、员工持股计划

员工持股计划(平台)是指由企业内部员工个人出资认购本企业一定数量的股份,为避免股东较多、管理分散,委托企业集中管理的产权组织形式。

员工持股计划的核心在于通过员工持股,将员工利益与企业发展紧密联系在一起,形成一种按劳分配与按资分配相结合的新型利益共享机制。同时,员工持股后便承担了一定的投资风险,这有助于唤起员工的主人翁意识,激发员工对企业发展的责任感。员工持股使员工对企业运营有了充分的发言权和监督权,使员工更加关注企业的长远发展,为完善企业的决策、经营、管理、监督和分配机制奠定了良好的基础。

四、项目跟投

项目跟投,是指激励对象用自有资金与企业一起投资原本由企业单方面投资的项目，就具体的项目使相关责任人与企业实现风险共担、利益共享的合资方式。

我对王老板说，股权激励是一件严肃的事情，影响面较大，涉及股权架构的根基，在决定实施前一定要搞清楚其中的利害关系。

我进一步解释说：一般来说，一个企业老板宁愿失去金钱也不愿失去股权。股权如同大厦的基石，是企业的根本，具有稀缺性。老板一旦把股权分出去，就会产生法律、财务、人事等诸多方面的影响。股权激励对企业的影响是长期的，如果因结果和最初设想的不一样而中断实施，会有很多的后遗症，企业如果再想恢复到起初的状况，会耗费宝贵的精力和财力。

因此，老板实施股权激励时，一定要问自己：为什么要实施股权激励？希望通过股权激励来帮助企业解决什么问题？有没有其他可替代的方案？

员工积极参与股权激励计划是看重企业上市后的财富效应，如果企业上不了市，其激励效果就会大打折扣。然而，上市是一件复杂繁琐的事情，耗时费力，对企业的资金实力、业绩和老板的毅力都是很大的考验。因此，老板不能被动、不合时机地启动上市计划，否则会造成干扰企业正常运行，甚至拖垮企业的严重后果。

股权激励，不是一种简单的薪酬机制，而是一种利益分配机制，它是为企业战略服务的。企业现在处于什么发展阶段？现阶段亟待解决什么问题？企业未来如何发展？未来的出路在哪里？这些都是企业发展的根本问题，股权激励只是解决这些问题的助推器。选择什么样的激励方式取决于老板为企业设定的目标、设计的发展道路。股权激励所选用的方式和方法既要解决企业现阶段的瓶颈问题,更要着眼于未来的发展,不能仅仅为了留住人才、凝聚人心,才实施股权激励,然后被动地选择上市,而忽略所处行业的发展状况和企业自身的条件。

我建议王老板先对股权激励这件事留足认识和思考的时间,一个月后,我们再来讨论股权激励。

理性与真诚

一个月后,我和王老板在老地方见面。新到的红茶,色泽乌润,冲泡后,浓浓的茶香弥漫开来,提神醒脑。我们一边品茶,王老板开始侃侃而谈。

王老板说,经过这段时间的学习和思考,明白了奖励和激励的区别:奖励的给予通常是无条件的,是对过去业绩的鼓励和肯定;激励是激发和鼓励员工为完成未来业绩或事务的工作动机,使他们潜在的动能得以充分发挥或一贯的维持。激励通常是有条件的,包括企业整体的业绩考核条件和个人的业绩考核条件。

从现状看,公司原先的奖励措施,无论是年度奖励还是季度奖励,都仅仅是奖励。而原先的奖励完全是流程化的,成为一件到时间必须要做的事,是无条件给员工的,员工把奖励当作必然的、应得的收入,因此这种奖励起不到激励的作用。

无论何种激励,激励效果都遵循着边际效应递减规律,随着时间的延长,激励的效力会逐渐减弱,激励的作用不可能是长期有效的,世上没有一劳永逸的激励方法。

这确实让王老板对实施股权激励产生过犹豫和动摇,但最终他觉得还是要进行股权激励。毕竟众人拾柴火焰高,在人才竞争激烈的今天,要激发出团队的创造性和积极性,既要满足员工精神的需求,更要满足员工物质利益的需求。没有团队,公司不可能发展壮大,人才的流失会给公司造成很大的损失,人心涣散对企业的效率影响很大。要吸引和尊重人才,除了要关心他们个人的职业发展外,物质刺激也必须到位。公司只有凝聚人心,才可能形成良性的发展,朝着更高的目标迈进。

公司的股权激励,不打算根据员工过去的贡献大小来决定给予股权的多少,而要根据他们对公司未来的贡献大小确定给予股权的份额。

股权激励应该基于以下两个标准:

第一,被激励对象对公司未来所能创造的价值;

第二,被激励对象对公司未来发展的重要程度。

社会上流传一种说法:三流的企业能够创造出一流企业的业绩。这其中激励因素起到了重要的作用。

我对此深表同意。对人才一定要采取有吸引力的激励措施,如果公司不能满足他们的需求,不能给他们创造未来,他们就会去合适的地方构建自己的未来。

王老板表达了对团队进行股权激励的决心,他希望通过实施股权激励,将团队变成公司的主人,使大家心往一处想、劲往一处使,这样不但会增加公司的效益,管理也会变得简单有效。

王老板迟疑了一下说,担心自己的公司规模小,不知是否具备股权激励条件?他还听说,如果实施股权激励,员工一定要出资,只有员工出了钱,才能珍惜手中的股权,企业才能留住他们的心,才能达到预期的激励效果,但直接让他们出资会不会被大家接受?他担心好心办坏事,达不到预期的效果。

这些确实是在实施股权激励时会遇到的情形和需要考虑的问题。

我解释道,企业越小越要进行股权激励,因为和大企业相比,小企业品牌还不过硬,平台也小,技术也没有大企业先进,资金也不雄厚,靠什么吸引和留住人才?小企业靠的就是成长性好,股权才会增值,实施股权激励才有价值。股权激励的实施对企业吸引、留住人才,创造利益共同体,激励企业的业绩提升,促进企业和员工共同发展,减少员工的短期行为,有着重要的意义。股权激励还有利于企业吸引优秀人才加盟,同时也是约束现有员工、稳定企业人才队伍的一种很好的手段。企业与其给员工增加薪资,不如帮助员工实现事业和财富的梦想。小企业成长性好,股权的增值空间大,更具有激发人才梦想成真的条件。

股权激励是赠与还是出资购买?根据实践经验,股权激励要求激励对象出资购买股权比赠与的效果要好。如果大家觉得一次性出资有困难,可以分期支付,这样可以减轻员工的支付压力和心理负担。

王老板继续问:我还有个顾虑,让员工出资购买,公司股权的定价肯定是低于市场价格的，但没有对比参照，股价会不会得到大家认可？如果大家不买账，就尴尬了。

作为老板，把股权低价卖给员工，员工愿不愿意接受？能否达到预期的效果？这种担心很正常，企业要认真细致地了解员工的真实想法。

实施股权激励，是一个企业和员工反复沟通，不断交流，最终达成共识的过程。股权激励效果的好坏，很大程度上取决于企业与员工能否达成共识。如果双方达成共识，说明员工坚信企业的前景，相信股权的价值，相信老板股权激励的诚意，激励就容易产生效果。

企业首先要了解员工对目前薪酬及奖励制度的满意程度，真诚地告诉他们持有股权是一种双向自由的选择，是否持股完全取决于他们的意愿，无论决定如何都和他们对公司的忠诚度无关，免得使激励对象产生被绑架的感觉，造成被迫持股的尴尬局面。

企业征求员工的意见，征求方式不能过于简单、粗暴。针对激励股权的数量和价格，要给出制定的参考依据，并给予充足的时间让员工比较和思考。

员工想要什么样的激励方式，期权还是其他种类的股权？股权种类是虚拟股权，期股还是实股？员工心目中企业的股权有价值吗？价值到底如何？员工期待的行权条件是什么？这些问题一定要得到充分交流沟通。老板也要考虑：是否需要增加额外的激励成本？如何制定双赢的激励计划，使双方都能心甘情愿地去实施这一计划？

经过梳理后,结果可能和老板想象的情况大相径庭,因此激励方案是尽最大可能缩小双方认识上的差异。如果双方对股权激励认知的差异一开始就没有消除,那股权激励的效果就不值得期待了。如果沟通的结果达不到预想的效果,宁可暂停实施方案。

企业早期的股权价值分配,是一件非常微妙的事情,员工对企业的信心尤其重要。如果实施得过于草率,老板一厢情愿地以为把最珍贵的东西给了员工,员工却不以为然,甚至产生思想包袱,这样的激励注定不会有效果。

经过沟通和交流之后,如果员工愿意出钱持股,说明员工相信企业的发展前景,认可企业的价值,愿意与企业一道发展,员工会对企业更加积极主动地付出,会把自己的潜能最大限度地释放给企业,并愿意与企业一起承担经营风险。

员工投入了资金,把自己和企业捆绑在一起,和企业的利益一致,心就留在了企业,会以主人翁的姿态帮助企业控制成本费用,主动帮助企业提升盈利能力,维护企业的形象。员工的眼光也变得长远了,不再计较当下的得失,格局会放大,会站在企业发展的高度做好工作。如果员工的收入多了,则生活方面的焦虑和困难会减少。员工少了后顾之忧,便会全身心投入企业的经营活动。

如果员工不愿意出资持股,可能是因为员工对企业的未来没有信心,不认可企业的价值,也可能是与老板或企业的价值观不一致。老板要自查是哪些方面出了问题。如果发现员工的想法与企业倡导的价值观发生较大冲突,这也是一个检讨企业文化、整合团队的好机会。股权激励是检验一个企业激励机制是否有效的试金石，是对被激励对象是否愿意一起承担企业经营风险的一项测试。

如果员工不愿出资，也可能是因为自身有困难，老板要帮助他们解决实际困难，允许他们用未来的激励收益来分期补足出资。只要在沟通中把这些问题搞清楚，困难就能得到化解。

实施股权激励时，老板应该考虑清楚企业的最终出路是什么。创办企业，老板各有各的初衷，但最终出路大致有三种：持续经营盈利、上市成为公众公司、被并购退出经营。后两种相对比较适合实施股权激励，如果企业最终的出路是长期持续经营，那么股权激励的效果会比较差，问题会比较多，达成共识的难度比较高。

我问王老板：你的公司最终的出路会选择哪一种呢？

王老板陷入沉思。公司上市计划是重大的事情，自己还没有做好上市的准备。从现状看，行业前景可以持续看好，公司的盈利还算不错。如果内部管理跟得上，盈利还有成长的空间。如果被人收购，以自己当前对企业投入的精力和情感，真是舍不得。就目前情况看来，他会选择自己长期经营。

如果企业由老板自己长期经营，其股权的收益主要来自分红，股权激励对员工的吸引力相对会小一些，员工股权退出的条件和价格也要和员工共同商定，这样和员工达成共识需要的时间较长。因此，我建议王老板先选一个折中的过渡方案：采用团队虚拟持股的方式，不支付股价，将公司增量的利润作为股权分红的来源。待王老板对激励计划有一些感性认识，积累了一定的操作经验以后，视企业进一步的发展再推出股权激励的升级方案。

时光飞逝，三年后，其公司所处的行业内已有公司上市。王老板认真研究国家政策导向，把公司的各项指标和上市公司进行了对比，并与券商深入讨论，觉得公司具备了一定的上市条件，于是决定启动上市计划，随即进行了股份制改造，引进了投资人。公司也终止了原来的股权激励方案，推出了股权激励升级方案。

实施心得

激励模式，只有适合企业的，没有最完美的。

在考虑激励模式的时候，企业应围绕以下三个核心来设计：

一是公平的分配机制。激励归根结底是分配问题，分配的核心在于公平。员工对企业未来发展的价值越大，潜在的贡献越多，得到的激励份额自然就越多。当然，世界上没有绝对的公平，但要让每一位员工在绝大多数情况下能感受到分配的公平。

二是动态的考核评价。激励一旦变成僵化的模式，那就很难呈现激励的效果。由于员工的收益、回报与自己的实时贡献达到动态的平衡，因此激励必须是动态的，要留有调整空间。只有动态的考核评价，才能真正支撑持续的公平。

三是企业文化。如果说前面两个因素是机制，那么在设计激励机制时，要考虑的另一个重要因素是企业文化。只有把物质和精神两个层面的问题同时解决好，激励才能产生持久的效果。

激励机制是一个用规则建立起来的公平的分配机制，但这个机制是一定阶段的产物。伴随着企业的发展,原来公平的机制可能会变成僵化过时的东西。因此,企业要用动态的考核、带有拓展空间的评价机制和流程来修正原有的方案,保持激励机制持续的公平。

机制落后于实践活动,在实施过程中,如果机制有欠缺,则需要强大的企业文化来弥补和融合,以避免出现员工斤斤计较的情况。

良好的企业文化能使员工做出正确理智的选择,做出有利于企业长期发展的决定。

达成共识比方案更重要。在激励的过程中,所有的沟通都是为了与员工达成共识,共识比制定出好的方案更重要。

人性比共识更重要。管理效率问题,其本质是分配问题,分配问题本质上是人性问题,人心顺了,企业大部分的问题都可以迎刃而解。激励就是引导人性,把人心统一到企业持续发展和持续盈利上来。

价值观比人性更重要。企业共同的价值观、企业文化的核心,是约束人性的法力。通过股权这个纽带,把有相同价值观的人群凝聚在一起,从利益共同体发展成为价值观共同体,并形成企业文化,这是一条通往伟大企业的必经之路。

就股权激励而言,在没有实施股权激励计划之前,老板可能是唯一的出资人,对企业拥有百分之百的所有权。随着股权激励计划的推出和实施,核心团队成员和核心骨干从单纯的职业经理人,变成了企业的合伙人,从而解决了团队利益与企业利益不一致的问题,增强了企业的凝聚力,但这种双重身份导致老板管理团队的难度有所增加。要处理好这种双重关系,考验的是老板的管理智慧和管理技能。

第五章　权力分配与制衡

又逢周末，朋友们如约来到老地方喝茶。一位姓李的老板，满眼血丝，面容憔悴，身心疲惫。寒暄过后，朋友们关切询问他最近情况怎么样？他回答说，近些日子自己很疲劳，分身乏术，有些管理中遇到的问题受制于自身知识和经验，担心对经营决策考虑不周，打算聘请一位总经理来负责经营，同时还打算聘请两位分管副总经理强化管理团队，以弥补自己精力的不足。

李老板说，公司组织结构原本是扁平化的，完全由自己直接指挥，现在打算聘请管理团队，可是自己内心仍在犹豫，有种莫名的担忧，在和其他股东们商量前，希望听听各位朋友的意见和建议。

企业发展到一定阶段，由于规模的扩大、人员的增加，因此管理事务的难度和工作量大幅增加。创始人自己管理企业越来越力不从心，需要聘请以总经理为首的职业经理人，这是一个必然的过程。

李老板的公司原来由几个志同道合的朋友共同组建，其他股东因信任李老板，全权委托他经营公司，股东会的议事规则和流程简单且随意。现在要聘请管理团队，以促使公司向规范治理迈进。

为了将来公司运行顺畅,股东权利的行使需要符合法律规范,成立并完善董事会、监事会等机构,因此公司重大事项的决策流程也会发生较大的变化。随着这些制度流程的建立或完善,股东们将经营权交给经营管理团队,从此,企业的所有权和经营权分离,企业的所有者——股东们——成为委托人,经理人团队则成了企业所有者的代理人,二者之间形成了代理和被代理的关系。代理人弥补了股东亲自经营管理企业精力和能力上的不足,同时也为企业治理带来了新的问题,西方管理学称之为代理人问题。

代理人问题

一、代理理论

西方管理学对代理人问题进行过深入的研究,并形成了完整的理论。代理理论的主要内容可以简述为:由于代理人和企业股东的利益并不完全一致,因此双方都寻求各种方式最大化增加各自的利益;代理人拥有的经营管理信息比委托人多,委托人无法直接监督代理人的工作,只能依靠财务报告对其业绩进行评价,代理人可以选择性地上报经营成果,或文过饰非,粉饰报表,造成财务报表的失真或信息的滞后。这种信息的不对称使代理人产生利己的动机,并利用各种机会,做出有利于自己的行为。比如:代理人希望领取高薪的同时压低预算指标,以减轻自己经营管理的压力;

制定不符合企业股东利益的经营或财务政策；为自己配备豪华办公室，购置高级轿车；安排与企业经营关联度不大的商务旅行，或发生其他高昂的职务消费等。

二、代理行为产生的法律影响

除了上述问题外，由于管理模式的改变，代理行为的出现对企业的经营产生了一些法律影响。

代理是指代理人在代理权限内，以被代理人的名义与第三人实施法律行为，由此产生的法律后果直接由被代理人承担的一种法律制度。

代理关系一般要求：代理人行使代理权必须符合被代理人的利益，不得利用代理权为自己牟取私利，必须做到勤勉尽责、审慎周到，以实现和保护被代理人的利益。

代理关系的主体包括代理人、被代理人和第三人。代理人是代替被代理人实施法律行为的人；被代理人是代理人替自己实施法律行为的人；第三人是与代理人实施法律行为的人。

代理行为包括代理人以被代理人的名义实施法律行为；代理人直接向第三人进行意思表示；代理人在代理权限内有独立的意思表示；代理行为的法律效果直接归属于被代理人。

代理的种类：

(1)委托代理，是指基于被代理人的委托而发生的代理。

(2)法定代理，是指基于法律的直接规定而发生的代理。

(3)指定代理，是指基于人民法院或者有关单位的指定行为而发生的代理。

（4）无权代理，是指没有代理权而以他人名义进行的民事行为，包括：没有代理权的代理；超越代理权的代理；代理权终止后而为的代理。在无权代理的情况下，如果经过本人追认或者本人知道他人以本人名义实施民事行为而不做否认表示的，无权代理人所为代理行为的法律效果归属于被代理人，视为有权代理。此外，无权代理人所为的代理行为，善意相对第三人有理由相信其有代理权的，被代理人应当承担代理的法律后果。这主要是为了保护善意的无过失当事人的利益，被称为"表见代理"。除上述情况外，无权代理均对被代理人不产生任何法律效力。

三、权力关系

在所有权与经营权、所有者与经营者相分离的企业治理框架下，股东一般不直接参与企业具体的经营管理活动，而是通过权力层级的分配和议事规则等约束董事会，再通过董事会对经理人授权和监督从而实现对企业的控制。在这套治理框架中，代表企业行使其法人财产权利的董事会，是由股东提名和推荐，经股东会选举产生的董事组成的，董事会是企业治理的核心，在股东行使权利时起到承上启下的作用。

企业治理的本质是既要充分发挥代理人优良的经营管理能力，又要解决好因所有权与经营权分离而产生的代理人问题，其核心是处理好代表股东的董事会和作为代理人的总经理团队之间的关系。董事长与总经理的关系体现了董事会与经理层的关系，反映了企业各相关方为了实现共同目标而进行的协调互动、有效制衡的机制,以及权责对等的制度安排。治理主体按照约定的程序和职责行使各自的权力,拥有不受干预的权力行使空间,同时权力行使又必须受到约束,权力和责任相互对等,这是企业治理的基本特征。

理想状态

处于初创期的企业一般由创始人兼任总经理,建立扁平式的组织结构,减少管理层级并赋予员工更多的自由裁量权。扁平式的结构便于老板直接指挥;组织内部也拥护扁平式的组织结构,希望能加深与决策者之间的有效沟通,提高效率,多干实事。一般来说,企业中的小团队比大团队更有效率,在紧要关头也更能团结一致。小团队会随着企业发展而扩大规模。事实证明:机构的臃肿是高效率的死敌,精兵简政才是企业发展坚持不懈的政策。

在董事会中,董事长的位置极为重要;而在管理团队中,总经理的位置则极为特殊。董事长和作为管理团队领头羊的总经理之间的工作关系极为密切,对企业经营与发展也至关重要,在合作中也最容易出现问题,一旦出现问题又往往是致命的,有必要对这一关系进行深入剖析。

无论是董事长还是总经理,都应当明确地被授予与责任匹配且受约束的权力,同时也应当承担相应的责任和义务。《公司法》

和公司章程成为赋予董事长和总经理权利与义务的主要依据。董事长与总经理的关系,不是董事长管着总经理,而是董事长和总经理根据这些依据和股东会、董事会的授权,确定各自权力行使的边界。

董事长处于非常关键的位置,是一个很难把握的角色。企业治理需要一个核心人物,但他又不能对总经理或经理层干预过多,既要注重发挥董事长和总经理的积极能动性,又要使其受到监督和制约;董事长既不能丧失领导权,又不能包揽一切。因此,做好一名董事长是如何把握好"度"的问题。要解决这一问题,首先是做好制度性安排,明确二者的职责权限,明确公司治理相关方面的工作流程,清晰界定他们的责、权、利。

董事长和总经理的关系被看作"教练员和运动员"。教练员和运动员的目的是一致的,都是为了让运动员取得好成绩,争取拿到冠军。但二者的角色和分工不同,如果教练员直接下场比赛就错位了,教练员的成就、价值和声誉是通过运动员的成绩体现的。具体该怎样明确各自的职责和行为呢?

董事长负责不确定的事,总经理负责确定的事。董事长往往做的是战略性的决策,其考虑的问题,大部分都是具有不确定性。一旦这些问题确定之后,董事长就把它们交给总经理去落实执行,由总经理把它们变成实实在在的结果。总经理要在董事长的领导下执行董事长和董事会的决策,如果总经理越权从战略层面上考虑公司的问题,也应该只是建议,最终还是要征得董事长的同意,并通过董事会讨论通过,有的方案可能还需要经股东会通过才能落实执行。如果总经理直接按自己的想法开展工作,很有可能因为考虑不周,或没有得到各方的支持,导致自己的想法不能实现或失败,还可能和董事长产生不同的意见和想法,导致矛盾的产生。

董事长是企业的灵魂、领袖,应制定企业整体的战略规划,并为企业选人、用人定好标准和原则。总经理是按董事长的想法,经过相关机构或部门严格的论证、求证后编制成可行的方案去落实执行。总经理的任务是:如果战略目标是可行的,就要创造条件,坚定不移地达成目标。总经理对董事长负责,并对最终的结果负责。总经理不能脱离这些职责去开展相关的工作。

董事长把握大方向,总经理在董事长制定的方针指引下完善落实经营管理目标,把老板绘制的蓝图,分解成一个个的目标,然后带领大家实现这些目标。

董事长务虚,总经理务实。董事长更多的是给总经理提供资源,制造较为宽松的工作环境,而总经理则是实实在在地把事情干出结果。

董事长负责企业文化或企业精神的塑造,总经理组织落实企业文化或企业精神方面的建设和推广的工作。总经理应使自己的理念和企业文化统一起来,带领全体员工在经营过程中践行企业倡导的价值观。

董事长把守企业最后的风险底线,总经理化解和承担经营过程中的风险。董事长是把守企业最后一道风险关的人,董事长要关心财务风险、经营风险、重要岗位的道德风险。具体来说,董事长要密切关注过度负债、资金链断裂的风险,并采取挽救措施;关注经营风险,对市场保持高度敏感,确保产品或服务的市场定位和竞争力;关注重要岗位存在的道德风险,一旦有苗头,要尽快制止,必要时予以撤换。

根据《公司法》的规定,总经理的任免由董事会决定。在实践中,控股股东通常占据着董事长的席位,为了加强对公司日常经营管理的控制权,董事长有必要对总经理的职位做出必要的控制。因为根据《公司法》的规定,总经理拥有的多项职权涉及公司日常经营的各个方面,所以董事长如果想提前锁定总经理职位的决定权,有必要在公司章程中规定董事长对总经理有提名权。因此,董事会在选任总经理的过程中,只能在被提名的名单中选取,大大增加董事长对总经理职位的控制。

总经理的任命可以由董事长确定,权力是董事会给的,但威信是自己树立的。抛开私心杂念,把自己的利益与企业的利益协调统一起来,一切都站在企业的立场上行使管理权,这是做好总经理的根本要求。

历史的警示

无论是从法律规定还是现实的分工来看,董事长和总经理二者的责任和权力都比较清晰,不存在较大的矛盾和冲突。但企业的发展是动态的,环境不断变化,即使权力责任划分得再明确也不可能囊括全部现实事务,二者的工作边界也经常被打破。只有二者在工作过程中不断协调、默契配合,才能保证企业良好顺畅的运转。

在现实中,二者的关系处理依然是个难题,要做到相互信任、相互配合不易,二者上演的权力之争并不少见。相互信任是人世间最难的事之一,在权力面前尤其如此。二者微妙的心理状态,如对组织强烈的控制与支配欲望、对权力的迷恋、过度的自尊心等是权力之争的诱因,这可以从古代帝王和宰相间的权力争斗中反复得到验证。

在中国历史上,皇帝和宰相之间的权力之争一直存在。虽然朝代不断更替,帝王数次更换,但这种明争暗斗从未停止。

在帝王时代,最高权力几乎都掌握在皇帝一人之手,生杀予夺全听凭皇帝一人。但是,皇帝虽然作为最高领袖,其精力和能力有限,只能不情愿地与他人分享一部分权力,以维持国家正常的运转,这部分溢出的权力通常交给宰相或丞相。

纵观历史,从对宰相权力制约的程度来看,宋、明两朝最为突出。宋、明两朝皇权与相权的争夺,以及二者权力的分配、权力制约的演化过程和灾难性的结果,为老板与总经理的权力之争提供了一些警示。

宋太祖赵匡胤通过"陈桥兵变"当上皇帝,后来通过"杯酒释兵权"为实现中央集权扫除了障碍。同时,他削弱宰相的权力,形成了"士大夫共治天下"的局面。

宋太祖削弱相权的思路是把宰相之权分散摊薄,防止宰相权力的过度集中。具体来说,他是将原属于宰相的行政、军事、财政等职权分割为独立的几个部分,从实质上削弱宰相的权力。

宋朝在沿用古代"三省六部"体制的基础上,分设中书门下和枢密院二府,分别掌握行政决策权和军事管理权。中书门下,简称"中书",是最高行政决策机构,其长官为"同中书门下平章事",相当于宰相;后又设"参知政事",相当于副宰相,与宰相共议政事;之后又要求二者轮流掌管相印,进一步牵制宰相,从而避免因一人独断专权而威胁皇帝权力。宋朝把军权分给枢密院。枢密院是最高军事机构,其长官为"枢密使",另设"枢密副使"若干,为副长官,宰相不掌握兵权。枢密院虽为军事机构,但其正副长官均由文臣担任,与中书无上下级之分,也不同朝议政,而是各自对皇帝负责。

与此同时,宋太祖还设立度支、户部、盐铁"三司",掌管全国的财政,其长官的地位仅次于副宰相和枢密使,但不受宰相直接辖制。三司位高权重,其地位仅次于二府,在六部之上。主管中下级京朝官员的审官院分割了宰相的人事权。

宋朝监察百官的权力也从宰相手中被分割出去。不仅如此,宰相还要接受台谏官的严密监督。"台"是指御史台,御史中丞为台长。御史中丞掌"纠察官邪,肃正纲纪,大事则廷辩,小事则奏弹"。由于宋太祖留下祖训:"不杀士大夫及上书言事者",因此台谏官在大宋王朝是最强势、最敢言事的言官。宋朝御史台和谏院的长官,大多是由学富才高者担任,他们控制言路,几乎能与宰相分庭抗礼,从而使宰相的权力行使进一步受到监督和牵制。宋朝还特别规定,宰相的亲戚和由宰相推荐任用的官吏不得为台长,以避免与宰相勾结祸乱朝纲。

在宋朝,中书省和枢密院分别掌握文、武大权,二者不能合在一起,宰相不能兼枢密使,以防止宰相权力过重而威胁皇帝的权力。

大宋王朝"两府三司"的开创性设置,使得宰相既不能染指兵权,也没有财政权、人事权、纪律监察权。各个机构不能由宰相统属,使宰相的权力受到牵制,宰相之位近乎虚设。

宋太祖通过分权来"摊薄"宰相之权,使国家大权总揽于皇帝之手,皇权至高无上。这种做法产生的直接后果是:由于分权导致官僚机构增多,整个官僚队伍迅速膨胀,因此北宋中后期的冗官、冗兵、冗费问题十分突出,使国家财政背上了沉重的负担,同时使国家机器运转的效率大幅降低。经历辽、金的数次战争,整个大宋帝国不堪重负,最终轰然倒塌。

两宋时期,中国物质文明和精神文明高度发达,在整个封建社会历史时期达到顶峰。世界著名的经济史学家贡德·弗兰克认为,"在11世纪和12世纪的宋代,中国无疑是世界上经济最先进的地区。自11世纪和12世纪的宋代以来,中国的经济在工业化、商业化、货币化和城市化方面远远超过世界其他地方。"

据统计,两宋时期的经济总量约占当时世界经济总量的70%,北宋时期占比甚至达到约80%,偏安一隅的南宋仍然占到约60%,可见两宋时期经济繁荣的程度。但战争和赔偿消耗了当时的部分财力,机构冗余问题也给财政带来了沉重的负担。权力之争还带来了副产品:牺牲了国家机器的效率。

相比宋朝皇帝通过摊薄相权达到集权的目的,明太祖朱元璋于洪武十三年罢黜丞相这一官职,还下令永远废除丞相制度,让六部直接归皇帝管辖。皇帝牢牢掌控立法权、行政权、决策权,中央集权达到空前程度。

在皇权得到加强的同时,皇帝处理政务的负担也变重了。繁重的政务,压得皇帝喘不过气来,使其不得已任用辅助大臣来协助政务,并逐渐演化出内阁制。但内阁成员仅作为顾问,很少参政议事,更无决策权。明成祖朱棣完善了内阁制。实质上,内阁就是一个相权机构,内阁首辅类似于首相,但其权力比宰相小得多,他们只是参政议政,仍然没有行政事务的决策权。

明朝嘉靖至万历年间,皇帝长期不上朝。作为皇权的代理人,首辅的权力逐渐达到顶峰。位高权重的首辅,已是实质上的"宰相",此时的内阁已是执行相权的机构,但首辅的权力跟以前各朝代宰相的权力依然没法相比,因为在首辅之上还有司礼监。司礼监由宦官把持,他们分割相权。明太祖设十二监、四司、八局,不允许宦官干预政事,但废除丞相之后,宦官开始干预行政事务。明朝永乐年间,郑和下西洋,又留守南京,这是宦官势力抬头的开始。自此,正统时期的王振、正德时期的刘瑾、天启时期的魏忠贤迭出,宦官衙门成为与内阁分庭抗礼的另一个权力机构。

正如内阁大学士最初只是一个顾问机构一样,司礼监最初也只是皇帝的宫廷管家,总管内廷事务。明英宗时期,票拟尚在内阁,奏疏呈上后,英宗偶尔会批示,有时则由宦官代笔。从正德年间开始,宦官则可以不呈报皇上就直接批示奏疏。内阁通过票拟,将方案呈交宫廷,宦官再答复。这样,宦官通过批红的方式,凌驾于内阁之上，拥有比内阁首辅更高的决策权，甚至能矫诏下旨，单方面做出决策。

明朝内阁制度取代宰相制度并没有到达预期的作用，导致皇权与相权之争转变成了宦官与内阁的斗争，看似实现了内部的互相牵制，确保了皇权的至高无上，但实际上却事与愿违。当其中的某一方权力过于强大，或者二者联合起来时，皇权反而受到威胁，最终影响政治格局。

皇帝因为担心、疑虑、不信任，所以不情愿分权，这从根本上为皇帝和宰相之间发生冲突埋下了导火索。中国历代皇权与相权博弈之实质，实际上是人性之争。皇帝担心自己的政权被颠覆，不能传至千秋万代；担心自己无法掌控和支配资源；担心权力旁落，不能满足自己的权力欲望，等等。专制与官僚政治决定了皇权既排斥相权而又离不开相权。无论是"摊薄"相权，使其"名存实亡"，还是直接废除宰相，都无法消除其客观存在。事实证明，这种权力之争最终使帝王政权百弊丛生，直接影响国家的发展，关系到政权的兴亡。

董事长和总经理的关系与皇帝和宰相的关系有高度的相似性，尽管企业作为一个营利机构，其存在的目的与国家机器有着根本的不同，但引发权力之争的根本出发点却有着很多相似之处。回顾皇权和相权二者博弈的演化过程和结果，我们是否能从中得到一些启示？

直面问题

既然企业发展到一定阶段,需要由总经理为董事长分担繁重的管理事务,设置总经理的岗位成为必然,那么处理好二者的关系是无法回避的重要问题。

从现代企业制度的出发点而言,董事会与总经理不是领导与被领导关系,而是委托人与代理人的关系,是一种内部授权关系。总经理的代理权来自委托人的代表机构董事会的授权。董事会、董事长和总经理的职权应通过内部委托授权进行清晰明确的划分。

从实践来看,大多数企业试图从职权划分的形式来划清两者之间的关系,但这些尝试都没有取得预期的效果。二者关系的"好"和"坏"与两个个体的包容性强弱、资历阅历的深浅等有密切的关系。尽管董事长与总经理的职责定位可以通过约定划分清楚,但是企业的经营管理事务随着外部环境的变化而变化,董事长与总经理之间必然存在工作上的交集,以及规章制度所不能穷尽的灰色地带,这正是二者容易产生矛盾的原因。

由于董事会的虚设,造成它不能严肃、清晰、完整地赋予董事长及总经理权力,难以对总经理的履职进行制衡和任用考核,因此,出现了在人事、财务、重大投资等重要的生产经营事务上,董事长自我的权力补偿,董事长难以把握好自身的定位。董事会对总经理的授权也没有清晰的界定，造成企业治理的协调工作不够顺畅。

由董事长担任法人代表来约束各自的职责，其效果也不尽如人意。董事长担任法定代表人成为法律规定的企业对外代表人，可能会导致董事长过分强调法定代表人的责任和义务，包揽一切事务，造成董事会作用弱化，董事长和经理层尤其是总经理之间的责任不清，内耗甚至矛盾出现。反之，如果总经理兼任法人代表，则总经理会过分强调法定代表人的责任和义务与收益不对等，产生对抗董事会或董事长的动机，导致二者矛盾与冲突的产生。

虽然设置董事会和经理层的根本出发点是为了企业的发展，但董事长和总经理各自行事风格的不同，对公司治理的认识和理念不同，治理的效果差距很大。实践证明，相同的制度安排，在不同企业实施的效果并不完全相同。对同一家企业而言，不同的任职配置、不同的环境，其产生的效果不同，公司治理的效果很大程度上取决于二者的气度和行事风格，这成为中国企业治理的国情。

前面我们讨论过，最好的情况是董事长当好教练，既能够把控大局、监管绩效、培育文化，又能够授权、放权，充分调动经理层尤其是总经理的积极性和主动性，这种理想的状况只能依靠董事长的个人修养和行事风格。董事长的工作作风和工作水平严重影响董事会的效率、水平和运作风格。董事会能不能很好地发挥作用、能不能真正成为公司的商业大脑，董事长对此有很大的责任和义务。认清二者权力之争的危害，有助于双方处理好这一关系，预防恶果的产生。

一、权力之争的危害

在历史上,权倾朝野的大臣架空皇权有不少的例证。其原因有多种,比如皇帝年幼登基,大权旁落;帝王昏庸,权臣培植党羽,逐渐独揽大权;利用朝廷的某些重大危机挟持皇权等。在法制社会,作为大股东的老板对企业的所有权无可争辩,而且拥有重大的人事任免权。一般来说,老板拥有更多的优势和主动权来弱化总经理的权力。当然,前面皇权削弱相权的例子,已经清楚地说明老板弱化总经理的危害了。

相反,总经理要架空老板或董事长却艰难许多。然而在现实中,总经理架空董事长的案例却屡见不鲜。

一位在座的朋友给大家讲明白了总经理架空董事长的几种情形:一是经过一段时间的表现,在老板面前证明了自己的能力,取得了老板的信任,逐渐从老板手中接管了开展业务和管理人事行政工作的权力。二是利用手中的权力和职务上的便利,提拔某些职能部门的关键岗位人员,将公司绝大多数有助于他编织网络的重要岗位拉入其中,逐渐培植心腹党羽。三是摆出一副严格按制度流程办理的表象,阳奉阴违,暗地里却操弄公司的规章制度,监守自盗。

总经理及其团队把持着供应商、分包商等的选择权和决定权,人为地制造收款困难,虚拟中间人,以中间人协调为由支取大额中介费用;利用公司已经取得的订单,虚构或夸大中间人的介绍费等方式,从中渔利。

通过这些手段,总经理经过一段时间会积累大量资金,它成为维护网络和进一步腐蚀重要岗位的资本来源,有助于进一步完善其利益链条。如果遇到对链条起阻碍作用的人,总经理收买,或排挤这些人员,形成漩涡效应,以稳固和扩大利益集团。至此,这股力量已经实实在在地控制了公司上下各级的经营管理权,老板作为企业的实际控制人已经名存实亡。

当老板发现这些行为,想通过扎紧篱笆、规范企业管理来抑制它们时,利益集团表面上会积极配合推行,暗中却百般阻挠,制造各种理由敷衍,因为他们深知真正的规范管理是该利益集团的克星。总经理利用自身的职务,带着渔利的私心,想让制度流程的规范流于表面化易如反掌,使得任何推行规范管理的行为都将是徒劳的。

李老板反问道:欲望可以加以引导,有欲望的人更容易控制,不是吗?

这位朋友否定了李老板这种想法的可行性。

欲望可以加以引导,是建立在对方有良知,没有极端自私自利的不良动机的前提下,是在对方遵守公开、公平、公正的游戏规则前提下的结论。

如果总经理的小团体挟持着极度的自私自利和不良动机来主持企业工作,很多时候看上去是为了企业的发展而努力,但其出发点是希望牢牢占据渔利平台,不断扩大他们的渔利空间。如果他们带着自私自利甚至是非法占有的不良动机,其出发点和目的都随时随地放在寻找和利用渔利的机会上,其贪婪的欲望不是通过引导可以满足的。

当解决问题的人同时就是问题的制造者时,希望利用我们前面所说的人性的欲望作为企业发展的动力、激励和驾驭的手段,这种认识是错误的,也显然是极其危险的。

听说过牛虻吗?牛虻围绕在牛的身边忙个不停,其目的主要是吸血,当然如果牛虻也有如人类一样的理性,短时期内可能也会希望牛体保持健康,也可能担心牛一旦倒下了,自己会失去赖以吸血的载体。但牛虻的本质目的绝不是维护牛体健康,极度的私欲一定是短视的,这种不健康的关系会让牛的身体千疮百孔,最终因出血不止而致命。在当今充分的市场竞争中,几乎没有哪个行业可以产生足够的利润来供人蚕食。

这些行为的重大危害不仅仅在于损害企业的物质利益层面,更重要的是影响员工的心理层面。由于利益链条所形成的小团体的存在,无论是处在利益集团中的既得利益者,还是被排挤出小团体的员工都会对公司的前景产生深深的担忧,因此造成团队成员对企业的未来产生严重的怀疑,动摇了员工对企业前途的信心。

在竞争激烈的商业社会,一个失去了信念,失去了精神支撑的团体怎么可能打胜仗?怎么可能使企业基业长青?失去了精神支撑,同时又在大幅流失物质利益的企业能存续多久呢?

李老板问道:难道不能马上撤掉这样的总经理吗?

这位朋友继续解释道:乾隆时期除了和珅,其实还有一个贪官叫王亶望。王亶望是清朝乾隆年间的举人,后来用钱买了个知县,几年后步步高升,最终官至浙江布政使。他的升官之路全是用钱铺设。

当时朝廷为了解决粮食问题,建立了一项政策"捐监",即用粮食来换官爵。为了中饱私囊,王亶望向朝廷谎称有严重旱灾。但他却不让人用粮食捐官,只允许用银钱捐官,并且把一些银钱分给当地的其他官员。乾隆派人彻查,牵连出整个甘肃省的腐败案,共涉及好几百人。

乾隆本想将贪官杀个干净,后来却无可奈何,因为几乎整个省的官员都参与其中。乾隆意识到如果把这些贪官都杀了,地方行政将会面临全面坍塌的尴尬。从过去的历史得知,地方行政的真空会带来更大的社会动荡,导致匪患四起。到时候朝廷如要平定叛乱,就要兴师动众,需花费更大的代价,还需重新组建行政机构,付出更多的精力。这让乾隆十分为难,只能两害相权取其轻。

同理,老板发现总经理利益集团的这些行为后,考虑到裁撤整个团队,对公司的业务及组织运转造成的严重影响;裁撤团队后仅凭借一己之力,无法支撑企业的运转,付出的代价大大超出了自己能够承受的程度。这使得老板在做出决定时,左右为难,最终被迫维持现状。

二、问题的应对

难道就没有解决问题的办法,不能避免这种悲剧的发生吗?

首先,从源头开始,回到识人这一出发点。对总经理这样的岗位,董事长需全方位仔细考察,既要考察其人品德行、才能,还要兼顾其价值观是否与企业倡导的观念相吻合。当然,人性复杂且多变,老板既可能看走眼,也可能被总经理在考察期的表现所蒙蔽。

其次,有效监督。信任不等于放任,任何时候,监督都不能缺位,既要充分信任,在充分授权的同时,也要监督与控制权力。监控的缺失,往往会滋生机构腐败的苗头。董事长需要把握充分授权和适度监控之间的平衡,对核心环节保留一定的知情权,防微杜渐。

最后,控制敏感环节。比如采购业务和外包业务环节要加强内部控制,严格供应商筛选,必要时董事长可以亲自参与每年合格供应商的评估,从源头上限制不良商家进入企业的合格供应商名单;在市场销售环节,董事长也要不时走访客户,了解市场销售情况。收入和支出这两个环节都可能产生利益流失。董事长要搞清楚重大开支、特别开支的来龙去脉,将其作为控制的要点。以上这些应在授予团队权力的初期就建立规则,尽早形成规矩和惯例。

有时董事长希望利用总经理的某些特别技能开展业务或管理,可能授予总经理额外的权力。但这些超配的权力应附有时限或条件,应在有控制、有监督、有时限的条件下使用,待事情完毕应将超配的权力及时回收。

第六章 企业文化

十月的上海，秋高气爽，丹桂飘香。李老板、王老板、赵老板，还有几位年轻的朋友悉数到场。李老板一见面就饶有兴致地提议到室外的亭子中喝茶，此提议得到了大家积极地响应。

寒暄过后，赵老板提出了他的问题：现在很多企业都在搞企业文化建设，是不是为了给企业做形象宣传或包装企业？企业文化让人觉得很抽象，既看不见又摸不着，对企业经营管理真的起作用吗？

这是大多数老板对企业文化的印象和心存的疑虑。因此，大家都表示把企业文化作为今天的谈论主题。

客人入住一家豪华酒店，当进入酒店大厅时，一定会感受到这家酒店独特的气息：匠心独具的装修风格，优雅的装饰环境，独特的香味以及酒店工作人员热情的服务态度等。客人的行为、举止和心理一般会有什么变化？

客人会在不知不觉中受到这种氛围的感染，内心会发生一些微妙的变化。人与人之间感觉更加亲和，很少看见不文明、不和谐的行为；客人的言谈、举止也变得文雅，待人接物更有礼貌；自己表现得更有教养，自己的行为很快与酒店的整体氛围融合在了一起。

熵增定律

最近"熵"这个概念被很多人用在管理学、社会学方面的研究,解释了很多人们难以解释的社会现象,让我这个物理系毕业的学生感到意外。

熵,是一个热力学概念,它的物理学意义是一个体系混乱程度的度量。热力学有一个熵增定律,其大意是,如果把宇宙看作一个系统的话,它总是朝着熵增的方向演变,即宇宙内部朝着越来越混乱的方向发展。当然,这一现象有一个基本前提,就是"在没有外部力量干预的前提下"。

这个现象是被证明了的自然规律,由此衍生出人类社会的行为规律:如果没有一股力量阻止熵增,那么任何社会组织、团体,都会朝越来越混乱的方向发展。

比如,一间办公室,如果没有日常的整理和打扫,不久就会混乱不堪。一个课堂,如果没有老师维持纪律,学生们就会从随意讲话,甚至随意跑动,导致整个课堂越来越混乱、越来越嘈杂,课就没有办法再上下去了。一个乐队,如果没有指挥,其演奏就会越来越混乱。

从自然规律看,混乱才是一个体系正常的状态。自然规律告诉我们,一切体系,如宇宙、社会、企业,都有朝熵增方向发展的趋势,而要改变这种趋势就需要一股力量阻止熵增。

一个具有一定规模的企业,如果没有统一管理和指挥,员工就会各行其是,乱作一团。即使企业有很好的盈利模式和产品服务,也无法有效地组织人员将精力集中到产品或服务上来,无法有效地把产品或服务顺利地交付到客户手中,因而无法赚取合理的回报。

一个系统内部越有规律,结构越清晰,熵值就越低。熵的另一个定义是指一个系统不能做功的数量的总数,熵值越高,秩序越混乱,能做的功就越少,因为在做功的过程中,一部分能量被消耗掉了。

好的企业,发展更加有序、更加顺畅,这是因为有一股力量来抵抗企业内部的熵增。而好的秩序做功的有效性大大增加,企业内部朝着一个方向前进。

老板就是这个重要的力量。作为企业中投入最大、与企业利益密切相关的人,老板当然不希望企业出现混乱局面,不希望企业无序发展。因此,一个原本朝混乱方向发展的企业组织,如要建立起与混乱状态相对抗的、有序发展的体系,就必然需要花大力气推动这种秩序的建立。老板是企业中拥有最高权力、控制资源最多的人,老板付出的精力能更有效地抵抗熵增的发展趋势。

老板付出心血建立了秩序,员工的思想和行为就会慢慢被统一到企业发展的轨道上来。当这种秩序建立后,这种思想、行为日复一日地被肯定,最终将发展成为企业整体的习惯。这种惯性将与整体习惯相违背的观念、意识、行为同化,帮助企业抵消内部的熵增。届时,老板维持秩序要花费的精力和心血就会相应地减少,管理会变得相对轻松,企业管理效率会相应地提高。

当然,如果企业足够幸运,能拥有一群天然就有着相同理念、相同奋斗目标、相同行动方式的人,那么他们的意见就容易达成一致,沟通成本要小得多,建立秩序所需消耗的能量也会小得多。实践证明,这样的天然群体出现的可能性是很低的。员工来自不同的家庭、地区,有着不同的经历和教育背景,要具备相同的理念、相同的奋斗目标、相同的行动方式必须是在同一种力量的干涉下才可能实现。即使企业凝聚了较好素质的员工,老板依然要付出心血来统一思想、统一行动,并让这些思想行为形成一种共同的习惯。

这种能统一员工思想、行动并形成习惯的东西叫作企业文化。企业文化是企业全体员工经历一段时间积累成的一种共同的理念、想法、行为方式、行为习惯等。

为什么成功的企业热衷于推广企业文化?这是因为这些成功的企业凭借着优秀的企业文化,能统一广大员工的思想行动,充分发挥出个人的价值和潜能,形成了组织向前发展的巨大合力。因此,企业文化也是一种生产力,塑造企业文化的过程就是整合和提升企业效率的过程。

传统的劳动力密集型制造企业,通过流水线作业,使大量员工的统一协调变得相对容易。但在更多依赖脑力劳动,依靠人力调动安排的行业中,人员的协调调动就变得更加复杂。为完成一项工作的协同,企业如果没有一些共同认知的标准,仅靠自发的意识或自我管理协调会使统一行动变得异常困难,而对于拥有成千上万名员工的大企业则更是如此。这也是为什么企业发展到一定的规模就会出现管理不善和效率低下问题的原因。因此,大企业要给大家建立共同的是非价值判断标准,使个体和团队拥有共同的行为准则,从而自觉地和团队保持行动上的一致,保持整体的协同高效,这就是企业文化建设的意义。

王老板说,他曾经百思不得其解的问题终于有了答案。当企业到达一定规模,如果管理力度跟不上,没有制订行为准则,就无法有效对抗集体的熵增,混乱是必然的,公司的运转效率自然越来越低。

我点头称是,继续说:即使一个企业没有企业文化的概念和意识,也没有开展过文化建设,仍存在着企业文化。比如,有的老板根本就不知道企业文化为何物,完全凭自己的意志,想到哪儿,做到哪儿,企业内部没有章法、没有规矩、没有标准,一片混乱;员工不知道什么是企业提倡的,什么是企业反对的,完全按照自己的习惯来做事情,这也是一种企业文化。只不过这是一种混乱的、负面的、行动难以统一的企业文化。只要是企业,就会有自己的企业文化。

建立良好的企业文化需要老板花大力气,更需要老板持续不断地为企业注入核心的理念和价值观。一旦企业文化形成了,企业文化自身就有一种力量带着大家朝着设定的目标前进。企业文化建设,可以激发员工的自律意识,消化不利于企业的行为,从而降低企业管理成本,有助于企业实现长期稳定的良性发展。

如果要深入挖掘这些行为动因,则会涉及人的本性。人性本身有着一套完善的适应机制,当处在好的环境和制度之中时,它会适应文明,体现出积极的一面;当所处在不良的环境和制度之中时,它就会适应野蛮、罪恶和丑陋,体现出消极的一面。

如同我们前面提到的豪华酒店对人们行为举止和内心的影响,一个出色的企业,也会散发出积极向上的气场,产生一种强大的磁场,让置身于其中的人们,像被磁化了一样,被吸引、被同化,被这种积极的力量牵引着往前走,这种无形的正能量就是企业文化所发挥的作用。

一个社会,一旦失去最基本的价值信仰,人们就会失去相互间的信任,很快就变成一盘散沙。企业是一个微型的社会,也同样如此。企业文化倡导团队形成上下统一的价值信仰,形成深层次的共识和相互信任。员工按照企业文化倡导的标准行事,是加强相互信任的有效手段,是企业制度化管理的有效补充和提高,也是迈向"心治"的必然过程。

一个企业可以利用规章制度,通过奖惩来管理员工,但这只是约束员工行为规范的最低要求。企业从最初对员工行为的引导到形成群体行为的自觉意识,再到最终成为自觉行动,从而达到员工的自律。互信是基础,共同的信仰是企业文化必不可少的部分。社会上有一种流行的说法:一流的企业建设文化,二流的企业培育人才,三流的企业做产品,它体现了企业文化建设的重要价值。

企业文化形成后,还需要老板不断投入大量的精力推广企业文化,这一过程需要贯穿企业经营的始终。如果没有老板的持续强化,那么企业员工在缺乏外力干预的情况下,必然会按照自己习惯的方式和自己的价值观行事,这样的企业慢慢又回归到熵增的规律。

即使老板选择了代理人,委托总经理来管理企业,也需要把代理人的思想统一到企业已经建立的经营理念上来。如果代理人的思想理念、判断标准与企业先前形成的标准和习惯不一致,将会使员工在潜意识上对企业文化倡导的东西产生动摇,理念和标准会再次变得含糊不清,以前好不容易形成的价值观和统一的行为准则会再次回到混乱无序的状态。

企业文化的要素和理论

企业文化是现代西方管理学提出的概念,已形成完整的理论。下面简要地介绍相关概念和主要的理论。

企业文化是企业在经营活动中形成的经营理念、经营目的、经营方针、价值观念、经营行为、社会责任、经营形象等的总和,是企业个性化的根本体现。

企业文化的核心价值观,是指企业员工对某个事件或某种行为的好与坏、正确与错误、是否值得仿效的一致认识。统一的价值观使企业员工在判断自己行为时具有统一的标准,并以此来指导自己的行为。

一、企业文化的力量

企业文化是企业的灵魂,是推动企业发展的不竭动力,具体表

现为以下几个方面:

第一,企业文化激发员工的使命感。

第二,企业文化凝聚员工的归属感。企业文化就是通过企业价值观的提炼和传播,让一群来自不同地方的人共同追求同一个梦想。

第三,企业文化增强员工的责任感。企业通过文化价值观传播,宣传员工责任感的重要性,灌输责任意识、危机意识和团队意识,让员工清楚地认识到企业是全体员工共同的利益体。

第四,优秀的企业文化赋予员工荣誉感。这种荣誉感激发每个人在自己的工作岗位、工作领域,多做贡献,多出成绩。

第五,企业文化帮助员工成就梦想。一个企业的繁荣昌盛对员工的理想或者梦想的实现产生积极的推动作用,成为激发团队奋进的动力。

二、企业文化体系

企业文化体系体现在以下四个方面:

(1)物质层文化。它是由产品和各种物质设施等构成的物质文化,是一种以物质形态加以表现的表层文化。企业的生产环境、企业形象、企业建筑、企业广告、产品包装与设计等是构成企业物质文化的重要内容。

(2)行为层文化。企业的行为规范是指企业围绕自身目标、社会责任、保护消费者的利益等方面所形成的基本行为规范。企业行为规范从人员结构上划分为企业家行为、企业模范人物行为和员工行为等。

（3）制度层文化。它主要包括企业领导体制、企业组织机构和企业管理制度三个方面。企业领导体制是企业领导方式、领导结构、领导制度的总称。企业组织结构是企业为有效实现目标而筹划建立的企业内部各组成部分及其关系。企业组织结构的选择与企业文化的导向相匹配。企业管理制度是企业为求得最大利益，在管理实践活动中制定的带有强制性的各项规定或条例。

（4）核心层的精神文化。它是指企业经营过程中，受一定的社会文化背景、意识形态影响而长期形成的一种精神成果和文化观念。它包括企业精神、企业经营哲学、企业道德、企业价值观念、企业风貌等，是企业意识形态的总和。

三、企业文化要素

企业文化要素很丰富，这里介绍几个核心的要素。

（一）企业愿景

企业愿景是全体员工的理想或梦想，它既是战略的指引，也是文化的导航。企业愿景体现了企业家的立场和信仰，是企业最高管理者头脑中的一种信念，是最高管理者对企业未来的设想。它是对"我们代表什么""我们希望成为怎样的企业？"的持久性回答和承诺。

管理学大师德鲁克认为企业要思考三个问题：我们的企业是什么？我们的企业应该是什么？我们的企业将是什么？这三个问题集中体现了一个企业的愿景。

有的企业将愿景和使命区分为目标与任务陈述,有的将两者统称为目标陈述,还有的将两者统称为企业使命。

(二)企业使命

企业使命是指企业在社会经济发展中应担当的角色和责任,它是企业的根本性质和存在的理由,说明企业的经营领域、经营思想,为企业目标的确立与战略的制定提供依据。

企业使命或宗旨涉及三个问题:顾客在哪里?顾客购买什么?给顾客带来的价值是什么?企业使命立足于满足客户的需求。

企业的使命应是创造顾客,这也是其落脚点。企业始终要牢记,顾客购买的不是产品,而是需求的满足。企业使命的定义应该是基于产品,满足客户背后的真正需要才是目的。

企业使命应注入社会责任。企业是创造财富的社会细胞,塑造企业使命的时候,绝不能忽略社会公众的福祉、社会的安定和谐、环境保护等因素。

企业使命与企业愿景相呼应。企业愿景是企业使命的基础,两者是一体的。这就像一个人有了理想(愿景),但理想的实现往往受相关利益或价值(使命)的驱动,否则就容易夭折。

愿景可以"利己",但使命必须"利他"。因此,使命优先于愿景。企业应该先谈使命,再谈愿景。

(三)企业核心价值观

企业价值观是指企业在追求经营成功过程中所推崇的基本信念和奉行的目标。它体现在处理股东、员工、顾客、公众等利益群体的关系中,包括利润价值观、经营管理价值观和社会互利价值观。

企业核心价值观是占主导地位的价值观,是企业文化的核心。它具有不可改变性与不可发展性,既不能等同于特定企业文化或经营实务,也不能向企业的财务收益和短期目标妥协。

企业核心价值观包含四个方面:判断善恶与是非的标准;对企业使命、目标的认同;追求目标的愿望;形成一种共同的信仰。

(四)企业精神

企业精神是结合企业自身特点、性质、任务、宗旨、发展方向,以价值观念为基础,经过精心培育而形成的群体的精神内涵,通过全体员工有意识的实践活动体现,对企业经营哲学、管理制度、道德风尚、团体意识和企业形象有着重要影响。

企业精神通常用一些富有哲理、简洁明快的语言来表达,便于宣传推广,使员工铭记在心,时刻激励自己,从而树立个性鲜明的企业形象。

企业精神是员工意识、观念和进取心的外在体现,是企业全体或大多数员工对价值观的信仰。员工以企业精神为导向,通过主动承担责任和修正个人行为,关注企业的前途,把自己的利益同企业的生存和发展紧密地联系在一起;主动维护企业的声誉和形象,与企业同呼吸共命运,为实现企业的目标而努力工作,必要时牺牲某些个人利益。

美国著名的管理学家托马斯·彼得曾说:"一个伟大的组织能够长期生存下来,最主要的条件并非结构、形式和管理技能,而是我们称之为信念的那种精神力量以及信念对组织全体成员所具有的感召力。"

企业精神具有稳定性,但这种稳定性并不意味着一成不变。

竞争的激化、时空的变迁、技术的飞跃、观念的更新、企业的重组，都要求企业做出与之相适应的反应，要求企业精神与时俱进。

(五) 企业道德

企业道德是指调整企业与其他企业之间、企业与顾客之间、企业内部员工之间关系的行为规范的总和。它是从伦理关系的角度，以善与恶、公与私、荣与辱、诚实与虚伪等道德范畴为标准评价和规范企业。

企业道德与法律规范和制度规范不同，虽然不具有强制性和约束力，但具有积极的示范效应和强烈的感染力，一旦被人们认可和接受，就会产生自我约束的力量。因此，它具有更广泛的适应性，是约束企业和员工行为的重要手段。

(六) 企业形象

企业形象是企业通过外部特征和经营实力表现出来的，被公众所认同的总体印象。由外部特征表现出来的企业形象称为表层形象，如招牌、门面、徽标、广告、商标、服饰、营业环境等，这些都给人以直观的感觉，容易形成印象；通过经营实力表现出来的企业形象称为深层形象，它是企业内部要素的集中体现，如人员素质、生产经营能力、管理水平、资本实力、产品质量等。表层形象以深层形象为基础，没有深层形象，表层形象就是虚假的，不能长久地维持。

四、企业文化类型

不同的行业，其性质和特点差异很大，不同的企业也都具有各自的特征,企业文化有没有大致的分类?对于这个问题,西方有人做过研究。

迪尔和肯尼迪认为,企业文化的类型,取决于市场的两种因素:其一是企业经营活动的风险程度;其二是企业及员工对工作绩效的反馈速度。他们把风险和对绩效的反馈速度做成坐标系,并将其划分为四个象限,以此划分企业文化的类型(见图 6-1)。

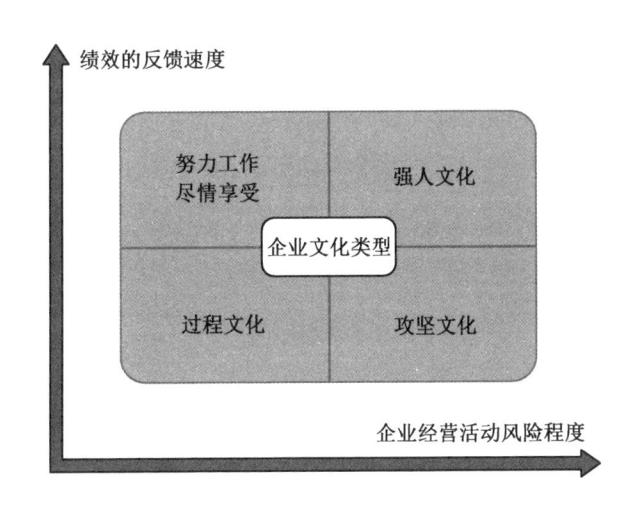

图 6-1　企业文化类型

第一种是强人文化,形成于高风险、快反馈的企业。如影视、出版企业拍一部电影或出版一套图书,要冒耗资巨大的风险,电影是否卖座或图书是否畅销在一年内就一目了然。强人文化对人的要求是:必须坚毅、乐观,保持炽热的进取心,树立不达目标誓不罢休的顽强信念。强人文化的优点是企业能够适应高风险、快反馈的环境,以承担风险为美德,勇于竞争,不追究过失并承认其价值,从而快速推动企业前进；缺点是短期行为压倒一切，人人争当明星，置团队情感、关怀于脑后，团队易产生暴躁的情绪。

第二种是努力工作、尽情享受型文化，形成于风险极小、反馈快的企业。这种企业文化对人的要求是：干的时候拼命干，玩的时候尽情玩，对人友好，善于交际，树立"充分满足客户"的牢固信念。这种文化的优点是员工行动迅速，适合于完成工作量极大的任务；缺点是员工思考与敏感不足，常使胜利者变得愚蠢，忘记了今天的成功可能会导致明天的失败。

第三种是攻坚文化，形成于风险大、反馈慢的企业。如航空航天企业，其一个项目就得投资几千万元甚至几亿元，而且需要几年的时间研究和试验，才能判断是否可行。攻坚文化对人的要求是：仔细权衡，深思熟虑，一旦下了决心就不能轻易改变初衷，即使在得不到任何信息反馈的情况下也要坚定不移，要有韧性。攻坚文化的优点是完全适应于高风险、慢反馈的环境，可产生高质量的发明和重大的科学突破，从而推动经济发展；缺点是整体工作节奏非常缓慢。

第四种是过程文化，形成于风险小、反馈慢的企业。如银行，其进行的任何一笔交易都不太可能使公司破产，但这些企业的员工也往往得不到任何反馈。过程文化对人的要求是：遵纪守时，谨慎周到。过程文化的优点是有利于保持企业稳定，缺点是过于保守。

以上四种企业文化类型的划分是从理论上规范的结果，实际上一个企业的文化往往是四种类型的混合，比如市场部门是强人文化,销售与生产部门是拼命干与尽情玩的文化,研究与发展部门是攻坚文化,财务部门则是过程文化。一个拥有强大文化的企业,往往善于将这四种文化类型中的最优因素艺术化地融为一体。

民族文化与企业文化

民族文化为什么对本民族有如此大的影响？在此影响下的中国人的性格特征是什么？企业文化和民族文化如何相互影响？对这些问题的思考有助于企业有的放矢地建设适应自身发展的企业文化。

从某种意义上讲,中国的民族文化是一种谋略型文化。在民族文化的形成过程中,出现了很多有影响力的学派,被称为"诸子百家"。这些学派不仅关心"治国",而且关注"治人"。因为治国和治人都讲究智谋、权术,所以谋略成为中国文化的重要元素。在这些学派中,对民族文化影响较大的主要有儒家、道家和法家思想,以及外来的佛家思想,它们奠定了民族文化的基础。因此,中国的民族文化是以儒家、道家、法家和佛家等思想为主要框架,融合农耕文明的多元文化体系。

民族文化之所以对本民族有如此大的影响,是因为它包含了人们的行为习惯和是非的判断标准,是族群整体价值观的综合反映,通过家庭和社会各方面的影响得以传承。企业既是一个国家或民族的微观组织,也是一个国家或民族文化有机的组成部分。

一个企业的文化必然深受本民族文化的影响，而且必须建立在本民族的文化基础之上。一些延续数百年的中华老字号，它们的企业文化或经营宗旨深受当时社会所崇尚的文化思想的影响，如当时被人们普遍推崇的诚信、仁爱、济世等价值观。由于这些价值观与当时社会占主导地位的价值观高度吻合，因此既在企业内部得以深入地贯彻执行，又在老百姓中得到普遍的认可与尊重。

塑造优秀的企业文化，首先要深刻、清晰地认识本民族的文化，充分了解本民族的价值观和行为习惯，在民族文化的基础上嫁接企业的经营管理理念，从而有效地唤起企业内部员工和社会广泛的响应。

一、中国传统文化

（一）儒家思想是一种大智谋

儒家思想是一种看似非智谋的大智谋，它不像法家或兵家那样迫使人们服从，而是从人心入手，赋予个体使命，建立个人与天下的关系，让人们自觉自愿、心悦诚服地为理想和社会而奉献。儒家提倡"五常"，即仁、义、礼、智、信，将其作为调节人与人之间行为的道德规范。其中，"仁"属于内心的自觉，是个人修养；"礼"属于外部制约，是客观的社会规范。

儒家主张把道德行为规范贯彻到国家的政治和老百姓的生活中，倡导用道德手段治国安民。儒家认为，如果老百姓没有树立道德观念，国家单纯用行政法律手段来管理百姓，只能使他们因害怕遭受制裁、灾祸而守法；而用道德来教育、感化人民，用礼治来约束百姓、治理国家,不仅能使他们守法,还能使他们树立道德观念,自觉守法守礼,最终形成良好的社会秩序。

儒家在价值取向方面,尤其重视道德的培养,尊重德性,重视气节,鼓舞人们自觉地维护民族利益和社会正义,积极投身于组织,为社会出力、为民族奉献。儒家重视"孝"道,提倡运用血缘纽带维护礼治的社会秩序;主张君臣之间形成统治与服从的关系,以此建立基本的社会秩序。

儒家强调个人修养,即"内圣"。儒家作品《大学》全面阐述了修身、齐家、治国、平天下的"内圣外王"之道。中庸之道的核心思想是"致中和":为人居于中正之道,不偏不倚,既有勇猛斗士的威力,又有沉静儒雅的平和,处变不惊。国人很多行为背后都隐藏着儒家思想的影子,如我国封建社会的两个最高的价值标准——忠和孝,忠是政治概念,自愿服从和追随上级是忠;子女尊敬、效法和顺从父母长辈是孝。人们常用"听话"评价一个好下属、好孩子。听话,被用作政治价值衡量时,是"忠"的体现;被用来评价家庭伦理时,则为"孝"的体现。

(二)道家思想是一种卓越的智慧

道家思想以老子关于道和德的学说《道德经》作为理论基础,以"道"诠释宇宙万物的本源、本质、构成和变化。它认为天地万物受"道"的支配,"道"是绝对的、永恒的。在人与自然的关系上,老子提出道法自然、天人一体的主张,肯定了人类是自然界的产物、有机的组成部分。道家崇尚自然,主张人与自然和谐相处、顺应自然、顺势而为。反之,若不顺应自然,就容易招致祸端。

老子觉察到人类智慧的局限,人类与自然对抗的徒劳,倡导无知和无为。他教导人们守愚之为智,处弱之为强,认为"以其不争,故天下莫能与之争";提倡清静无为、知雄守雌、以柔克刚,把"上善若水"作为一种处世与自保的智慧。

道家的政治理想是小国寡民、无为而治。"无为而治"是道家管理哲学的最高原则。《道德经》告诉统治者,"无为"是不妄为、不乱为,要求统治者顺应自然,顺应社会发展的法则,并按照自然法则制定相应的法律、制度。

(三)法家思想是一种建立强权的手段

法家思想以法律为根本,将其作为主要的管理手段,其核心思想可概括为五个方面:以法为纲、事断于法、法由一统、以法为教、不法常可。"以法为教"要求法要公开透明,让大家清楚明白,以便遵从行事;让大家统一思想,以专心其事。"不法常可"要求法律须因时而变,实时更新,使之与实情相符。法家思想推崇:明法、任势、用术,使法、术、势成为法家思想的重要元素。法家思想立足于建立集权,强调绝对的权威(势),要求人们绝对地服从。它从"术"的层面着手,利用防备、监督等权术实施驭下;通过严刑峻法实施强权。相较于其他传统思想,法家思想更加务实、刚性,见效快。法家思想的局限在于过度强调法律的价值而忽视德治,因此人们的思想和信仰不能用法律调节;过度依赖法律、规章、流程,容易导致组织运行的机械化和官僚化。

(四)佛教丰富了中国的文化思想

佛教既是一种宗教,也是一种文化思想。佛教劝导人们众善奉行,诸恶莫作,利益众生;主张在自觉的基础上觉他,在自度的基础上普度众生;自净其意,通过自觉地断恶、修善来净化自己的思想意念,做一个清白的人,最终寻求解脱,解除烦恼。佛教认为一切皆是因果,现世去恶行善的"因"会获得来世安乐的"果"。

佛教传入中国后,对原佛教戒律进行简化,加快了佛教在中国的本土化进程,并产生了对后世影响较大的禅宗。禅宗主张以理事圆融为中心,讲究参悟,寻求顿悟。理事圆融,即以理指导事,并说到做到。光说不会做,这个理就不成立;说得很好听,不愿把事情做好,这种理叫作废话,即执理废事,理亦不圆。静中思虑,参悟道理,把人的欲望引向内在的反省与超越,以期明心见性,发觉智慧,早日顿悟。

佛教思想填补了儒、道两家留给人们精神世界的空白,以慈悲、平等、无常、无我等思想,丰富了中国的文化思想体系。

(五)儒、道、法、佛四家思想的对比

儒、道、法、佛四家思想博大精深,我将通过简单对比,来理解它们的主要精神。儒家思想和道家思想起源于中国,且对后世影响很大,首先讨论二者的关系。

儒家主张刚健进取,重视人伦,鼓励人们积极入世,承担起社会和家庭的责任;主张活着就要干一番大事业,立不朽之功勋。如张载的"横渠四句":"为天地立心,为生民立命,为往圣续绝学,为万世开太平。"而道家则崇尚自然,主张天人合一,顺势而为,与自然和谐相处;主张无为、不争、以柔克刚、遁世退隐、消极避世。儒家和道家思想在人生态度上体现出一些截然不同的特征。

儒家与道家思想既对立又统一。儒家居于中国文化的显层；道家则处于中国文化的潜层，而且多数时候是隐而不显。林语堂先生曾说："所以道教是中国人民的游戏姿态，而孔教为工作姿态。这使你明白每一个中国人当他成功发达而得意的时候，都是孔教徒，失败的时候则都是道教徒。"在同一个人的思想体系中，既有儒家的成分，也有道家的成分；外儒、内道、进则儒、退则道，是中国人独有的思想表现。

佛教进入中国以后，与儒家、道家共同构成了中国文化重要的三足。儒、道、佛三家思想的对比可简要概括为：

儒家关注国家及天下、礼乐教化，倡导忠、孝、仁、义，儒家思想被历代统治者奉为政治和教化的依据；道家重视清静无为、修炼养生；佛教体现思辨与心灵慰藉的功能。三家构成"以儒治世、以道治身、以佛治心"的思想体系，成为人们劳作、生活的基本准则。它们具体表现为：

儒家做事：讲究持重、勤谨、正气、担当、自省以及中庸的为人处世之道，体现了中正做事的学问。这种心态，使人具有影响力和号召力。

道家做人：追求自然无为、顺应时势，既不做超越自然规律的事，也不做落后于自然规律的事，体现了机敏做人的学问。道家思想是一种智慧和谋略，既能防止被别人伤害，又能强化自身的处世能力。

佛家修心：主张四大皆空，慈悲宽大，包容忍让，视世间万难为无物，不怨天尤人，从自然，呈本性，超脱修心。这种心境，让人寡欲少求,避免贪得无厌;使人变得豁达而坚强,远离怨恨,有助于避免灾难,取得人生的圆满。

儒家讲五常、讲天命、讲天理、弃小人、求君子,主张用仁德治世;道家讲法则、讲自然、弃造作、求逍遥,主张以无为治世;佛家讲五戒、讲解脱、弃烦恼、求自在,重视修行来世,主张以心济世。儒家表现为礼,道家表现为真,佛家表现为戒。

佛教丰富的义理是用繁复的概念来表述的,没有合适的语言可以将其解释清楚。因此,佛教传入中国时,人们用比较熟悉的老庄思想或儒家观点去理解、阐述佛教理论。用儒、道两家的概念去解释佛教经典中那些难懂的义理,使人们容易理解和领会佛教的教义,从而产生信仰,如用道家的"无"解释佛教的"空",用道家的"无为"理解佛教的"涅"等。以佛教为主体,吸收和融合儒、道两家文化而形成的思想,奠定了中国本土佛教的基本特点。佛教的中国化进程,既是对传统儒、道两家文化的补充,也吸收了儒、道两家文化。儒、道、佛三家在对立与统一中发挥着各自的价值,丰富和完善了中国人的思想文化体系。

战国末期韩非对法家各学派的学说加以总结、综合,集法家之大成。作为国家治理和组织管理的主要思想,儒、道、法三家思想的对比如下:

对于道、儒、法三家思想的评述,可以重点参考司马谈的看法。司马谈在《论六家要旨》中指出:道家使人精神专一,动合无形,赡足万物。其为术也,因阴阳之大顺,采儒墨之善,撮名法之要,与时迁移,应物变化。立俗施事,无所不宜。指约而易操,事少而功多。

儒者则不然,以为人主,天下之仪表也,君倡而臣和,主先而臣随。如此则主劳而臣逸。至于大道之要,去健羡,绌聪明,释此而任术。夫神大用则竭,形大劳则敝。形神骚动,欲与天地长久,非所闻也。

法家不别亲疏,不殊贵贱,一断于法,则亲亲尊尊之恩绝矣。可以行一时之计,而不可长用也,故曰"严而少恩"。若尊主卑臣,明分职不得相逾越,虽百家弗能改也。

其意思是:道家使人精神专一,行动合乎无形的"道",使万物丰足。道家之术是依据阴阳家关于四时运行顺序的学说,吸收儒、墨两家之长,摘取名、法两家之精要,顺应时势的发展而发展,顺应事物的变化而变化。建立风俗习惯,应对各种事务,没有不适用的。表达的内容简明扼要,容易掌握,用力少而功效多。

儒家则认为君主是天下人的表率,君主倡导,臣下附和,君主先行,臣下随从。这样一来,君主劳累而臣下却安逸。主要的主张是舍弃贪欲,去除聪明智慧,将这些放置一边而用智术治理天下。人的精神过度使用就会衰竭,身体过度劳累就会疲惫。身体和精神受到扰乱,不得安宁,却想要与天地共长久,是从来没有听说过的事。

法家不区别亲疏远近,不区分贵贱尊卑,一律依据法令来决断,那么亲近亲属、尊长辈上的恩情就断绝了。这些可作为一时之计来施行,却不可长用,所以说法家"严酷而刻薄寡恩"。至于法家使君主尊贵,使臣子卑下,使上下名分、职分明确,不得相互逾越的主张,即使百家之说也是不能更改的。

在这四者关系中,法家思想与儒家思想表现为相对立。如不同于儒家的"性善论",法家从"人性好利"的角度提出"性恶论";不同于儒家思想强调用仁爱和礼教、纲常伦理来建立和稳定社会秩序,法家强调"不别亲疏,不殊贵贱",提倡以"法治"代替"礼教",提倡在法律面前一视同仁,法家思想成为稳定社会和平息社会动荡的统治手段。儒家反对法家的思想,认为法家思想只会用强硬的手段,不重视道德的作用,仅将人民屈服于其威慑之下,而社会问题不会得到实质性的改善。如果从法家主张"变法求新",推进社会变革的角度看,它与儒家积极入世推进社会进步的目的是一致的,二者只是选择的方式方法不同而已,可以说是殊途同归。

(六)农耕文化,重视实际、追求稳定

以农为主、重农抑商一直是中国历代统治者积极推行的政策。农耕文明决定了中国文化具有注重实际、追求稳定的特点,使人们养成了踏实、诚恳、敦厚、笃实的性格。春耕、夏耘、秋收、冬藏的农耕规律,要求人们脚踏实地、不违农时、循序渐进,忌好高骛远、脱离实际、拔苗助长,强调"实事求是"的精神。

农耕文化把人与自然的和谐作为理想目标。传统小农生产的目的不是为了满足市场需要而是为了自给自足。这种简单再生产的顺利进行,需要社会秩序的稳定,强调个人必须服从群体的利益,否定个体的独立意识。

农业社会靠天吃饭,强调天人合一,就是要遵从人与自然的和谐关系。小农生产规模小,生产过程简单,生产秩序稳定,人们常常处于自我满足的状态,因而缺乏开拓精神与竞争意识。

二、多元文化下的民族性格特征

在以儒家为主导的多元化文化的长期影响下,中华民族性格特征大致为:自谦、顺从、刚毅、和善、忠义。中华民族性格具有谦、刚、善的特征,但却是谦而不媚、刚而不折、善而不怯。其前提是社会关系中强势的一方行为要符合"仁"的要求,然后才能要求弱势的一方服从、谦和。同样,忠义也是有前提的,"你不仁,休怪我不义"。而谋略型文化塑造了中华民族崇尚智慧的性格特征:善于谋划,精于算计。中国人性格特征主要有以下几种:

(1)务实。总体而言,中国人比较务实,一些人不愿意动脑子去想一些与眼下无关的问题。

(2)讲话含蓄委婉。表达重要的道理和关切的利益时以不言明为基调。

(3)做事懂得变通,依理而变。凡事既坚持原则,也会因人、因事、因时、因地而应变。

(4)凡事留有余地。说话、做事很少把话说死。

三、中国传统文化对企业文化的影响

丰富的民族文化为企业管理和企业文化创建提供了多种选择,同时也产生了阻碍。如果企业的文化建设与这些文化观念相统一,就容易取得较好的效果;反之,则可能在实施时遇到重大阻力。因此,企业管理者面临着挑战,如果企业倡导的文化理念与人们头脑中的潜意识合拍,则事半功倍;反之,费时费力。同时,在企业不同的发展阶段,文化建设与其嫁接的传统文化观念应相互适应。比如在发展初期,企业需要制定更多的规章制度,迅速建立大家共同遵守的行为准则,以法家思想占据主导;而在发展成熟期,企业应采用儒家、道家、佛家思想之一或其组合作为主导的企业管理思想。

中国传统文化内容丰富,给我们提供了辩证看问题的思路和方法。老板在采用某一种思想作为企业文化的主导时,要适当地兼顾其他思想,做到不走极端、不偏不倚,这与儒家主张的中庸之道是一致的。

中国传统文化对企业文化的构建有着重要的影响。

(一)儒家思想对企业文化的影响

在市场饱和、存量竞争时代,企业的生存和发展受到各种因素的制约,要达成远大的目标,老板首先要具备远大的志向,有进取之心,要承担超额的责任,需要用儒家刚健进取的精神激励团队,从而赢得供应商、消费者等的认可。

儒家"民为邦本,本固邦宁"的思想,倡导以民本得民心,强调以人为本的管理理念,要求企业重视赢得员工的配合和支持。员工对企业政策的理解,对管理者的谦和、顺从,企业要予以珍惜。企业在引入法制化、流程化、标准化西方管理制度的同时,应在管理中注入温情,加强对员工的精神关爱,以缓解机械文明带来的冰冷感,弥补制度、流程管理中缺少的人文关怀,满足员工内心的情感需求。精神关爱要体现对员工人格的尊重,如对企业要执行的政策和管理措施予以耐心细致的说明、讲解,取得员工的理解和信任,使员工自觉自愿地配合执行企业的发展战略。

面对激烈的市场竞争,企业为了开疆扩土,需要采用一些快速有效的手段解决问题,采用一招制敌的战略战术。在这样的环境和背景下,有些老板一味崇尚法家思想,认为儒家思想不合时宜,不能有效地解决企业面临的具体问题,甚至极端地认为儒家思想有些虚伪、迂腐,"存天理,灭人欲"。许多企业对外倡导狼性文化,对内采用末位淘汰等管理模式来开拓市场,虽然这些做法在短期内取得了一定的成绩,但时间一长,由于企业严重缺乏对员工的情感关怀,过高的压力和恶劣的工作氛围导致员工人人自危,精神包袱过于沉重,反而造成员工的战斗力下降,这些企业大多没能笑到最后。反观那些能兼顾市场开拓,又重视员工关怀,尊重员工意见和想法的企业,更容易做到上下同欲,更容易取得长久的发展。

企业把所有经营活动的重心放在营利上,这是企业的生存之道。儒家的中庸思想强调适度原则,强调"过犹不及",在企业全力以赴获取利益的同时,也要以义取利、以道取利。管理者通过其行为将自己的道义标准渗透到企业的经营活动中,对员工产生潜移默化的影响。如果消费者看到商家诚信、有爱心、有道义的行为,会心悦诚服地接纳这些企业,安心地使用企业的产品,在内心树立起对企业牢固的忠诚度。

在企业管理中,"放权"一直是令老板头痛的难题。如果权力过于集中,就可能造成独裁,无法汲取团队的智慧。但如果权力过于分散,则可能造成管理效率低下甚至失控的后果。因此,老板若要将放权做到游刃有余,恰当地拿捏好这个度,需要准确理解儒家中庸思想的精髓。

对于老板而言,越是背负盛名、身处高位,越需要注重修身,约束自己的言行。如果老板以儒雅的形象出现,会让人联想到一个谦谦君子,这种形象也符合大众的文化审美。这种代表企业树立的形象,是企业在激烈的市场竞争中的有力武器。

（二）道家思想对企业文化的影响

道家思想强调"无为而治",道家的智慧就是用较少的力量取得较多的功效。企业管理应不妄为、不人为干预甚至破坏正常运行的制度规则,免得吃力不讨好,造成事与愿违的结果。不妄为的前提是企业管理者做好总体规划,完善企业的规章制度,敢于用贤任能,把权力授权给各层级的管理者,发挥各层级管理者的价值。企业管理者不能乱发指令,打乱组织的正常运转节奏,过多干涉或者更改组织体系。

"夫唯不争,故天下莫能与之争。"在严酷的市场环境中,竞争是企业生存的有效手段。但是过于强调竞争,不择手段地置对方于死地,和竞争对手血拼价格,企业必将在行业中成为众矢之的,也会给自己带来巨大的伤害和风险。"和光同尘"是老子基于"无为而治"提出的思想,寓意不露锋芒、与世相容。

"上善若水"是老子提出的又一重要思想。"水善利万物而不争,处众人之所恶,此乃谦下之德也；故江海所以能为百谷王者,以其善下之,则能为百谷王。天下莫柔弱于水,而攻坚强者莫之能胜,此乃柔德也；故柔之胜刚,弱之胜强坚。因其无有,故能入于无间,由此可知不言之教、无为之益也。"水,虽然表现得很柔弱,但世界上却没有什么物质可以取胜于水。水能孕育万物,却不争名夺利;水能适应任何环境,包括恶劣的环境,却不发出抱怨。企业的管理者可以借鉴水的这一品质。企业营利的最高境界应该是让消费者获得更多的好处,让企业员工收获更好的生活,而不仅仅是让企业利益最大化。当企业的目标是为了造福社会、满足社会需求,企业的产品服务成为消费者永久的需求时,必然会获得更多的回报。

(三)法家思想对企业文化的影响

法家思想的核心是强调法治,法家是诸子百家中最为重视法治的一派。法家不是纯粹的理论家,而是积极的行动派,其思想着眼于法律的实际效用。法家主张"事断于法""刑无等级,自卿相、将军以至大夫、庶人,有不从王令、犯国禁、乱上制者,罪死不赦。"法家主张法无贵贱,法外无恩,将法律作为治国的唯一工具和标准。

由于人存在主观上的裁量与偏见,因此判断难免失真,标准不定。法家思想给管理的启示是,企业应以"法"为准,大小事宜依"法"而行,而不能随心而治;以"法"为准,建立客观、量化的标准化流程、规范化制度和综合评价机制。

法家还告诫我们,即使企业有了完备的规章制度,也需要管理者运用合适的领导艺术,即用法家所谓的"术"来管理企业,将法家的"法、术、势"较好地结合在一起,方能达到预期的管理目的。

法家对企业文化建设的启示主要体现在以下三个方面:一是强调法治。现代企业要想在竞争中获胜、赢得市场,必须建立一定的规章制度,然后严格按制度办事,企业所做的一切都要有法可循。二是强调惩戒、严明纪律。在竞争激烈的市场中,惩戒不良行为是必要的。三是强调论功行赏。法家认为人有"趋利避害"的本性,要用利益、荣誉来引导人性为企业服务。

法家思想有效弥补了其他文化观念中"柔有余,刚不足"的缺憾,在某些发展阶段为企业提供了快速见效的手段,丰富了企业的管理思想。但是法家思想也有缺点,它缺乏对人的尊重、对人合法权益的保护和对人的关怀。受制于制度的合理性、健全性、可行性,如果企业长时间严格执行规章制度,会使企业运行机械化,形式主义泛滥。因此,企业应在法治的基础上结合儒家、道家和佛家等思想对员工进行适当的人文关怀。

(四)佛家思想对企业文化的影响

在佛教看来,世界上没有常存不变之物,变化普遍存在于一切时间和空间之中,"诸行无常"。许多企业家信奉佛教,因为他们无法掌控未来,内心产生严重的焦虑、忧恼。外表强势的企业老板,内心却极度缺少安全感。在他们心中,世事无常,权力、财富等都是无法掌控的,而欲望没有止境,让人内心充满了杂念、困惑和烦恼。佛家重视修心,教导人们如何戒除过多的欲望,通过修行使人内心平静、安宁,排解烦恼和焦虑。

佛教认为:心是万物之本,心正则一切正,心净则一切净,没有把根本管好,只去管理一些枝末,结果自然不会圆满。心无杂念、去除焦虑方能使人心如止水,心安、心净地应对那些令人焦虑的无常变化,在多变的环境和条件下抓住主要的影响因素,制定决策。

神经学研究发现,杂念、焦虑、忧郁严重消耗了人们的精力和时间,使大脑永远处于疲惫状态。心理学家米哈里提出了"心熵"的概念,在他的著作《心流,最优体验心理学》中讲到,当达到"心流"的状态时,那种全神贯注、投入忘我的状态会使人的大脑进入一个出神入化的境界,创造力和专注力会变得无穷大。心流状态,会让大脑分泌激素,让人的注意力、认知、警觉性大幅提升。书中对人内心系统的构建、呼吸和冥想、意识专注等训练与佛教中一些修行方法不谋而合。当人通过修炼,进入心流状态,达到心熵最低的时候,一切纷扰杂念都会销声匿迹,只剩下自己和当前的事物。那种心灵如同冰晶般通透、念头如同雪水畅流的感觉,会使人心理达到最优体验,大脑会出现奇迹。所有的注意力都集中在当前的任务上,无关的念头被屏蔽,对别人的评价、对利益的精心算计会消失得无影无踪,不再患得患失。所有的意念都相互支持、相互关联,步调一致地朝着一个方向前进。

一些优秀的企业家通过修炼,使大脑明显增加了对未来的预测和信息处理能力,容易做到冷静地看待事物,抓住事物的本质,更好地服从于现实和客观状况,减少名利欲望对内心的过多干扰,加强了判断力,提高了自身的综合决断能力。

佛教中许多故事的宗旨都是帮助世人"正知、正念、正行",倡导积极的人生观、价值观,这些观念可以对企业文化产生积极的作用。

佛教提倡的觉悟、敬业精神等对企业管理产生积极的影响。佛教把人与人心提高到一个相当高的高度,从而确立了人及其思维的中心地位。企业管理应当以人为中心,强调经营人心、自我修行和自律。

佛教中圆融的观点认为万法容于一心,万法相容无碍,体现了对待各种矛盾时包容、圆通的智慧。在各种矛盾交织的环境中,企业需要运用这种辩证的思维和智慧来妥善处理问题。禅宗将理事圆融作为中心,强调说与做的统一。

"诸法无我"体现了佛教"空"的思想。天地宇宙包罗万象,其演化与运行遵循着原有的诸多大法。佛教强调要达到"合于诸法",就必须首先进入"无我",因为"无我"而"法现","有我"则"蔽法","无我"是一种境界和智慧。

从企业营销管理角度看,现实的市场是客观存在的,并不以人的意志为转移,因此企业应顺应市场的发展规律和需求来设定自己的战略方法和战术手段,而不能主观地臆断和盲目决策。一种产品能否受到市场欢迎,关键在于能否满足消费者的需要,应以"顾客为中心",而不是简单地"以产品为中心"。在企业外与客户和消费者的沟通,在企业内上级和下级、平级间的沟通中,管理者同样应以对方为中心,做到"无我"。

在佛教看来,人性本净,但由于受无明之覆,贪、嗔、痴之染,再加上外缘之攀援,才有了生理和心理上的各种欲求。佛教对人欲望的产生分析详尽且合理,认为这些欲望是多层次、多方面的,是不断发展变化的,是可以对治与去除的。佛教不但分析了人的外在表征,而且探究其内在根源及其发展倾向,强调了人性的真实与动态性,使人性理论架构更加全面、真实。

企业管理者一方面在管理中通过深入认识自身存在的"贪、嗔、痴",避免贪心、愤怒、愚痴控制自己的思想和行为,始终保持谦和、平易的管理风格;另一方面也可以运用佛教对人性的分析原理,激励和管理整个团队,鼓励团队成员戒除过多的"贪、嗔、痴"。

(五)农耕文化对企业文化的影响

农耕文化历史悠久,尽管中国这些年以飞快的发展速度迈入了工业化时代,但从农业化过渡到工业化的时间较短,加之几千年的重农抑商,因此农耕文化对企业团队潜意识的影响不容忽视。比如小富即安,注重眼前利益,缺乏长远眼光;缺乏自律,随心所欲,公私不分。但农耕文化中的实事求是应是企业积极倡导的精神。在市场竞争激烈的背景下,抛开主观的臆测和心理扰动,尊重事实和遵循客观规律的企业文化能减少误判和决策失误。

四、世界主要经济体中企业的文化特征

为深入理解企业文化丰富的内涵,凸显不同国家、地区的企业文化特点,下面将简单介绍世界主要经济体中的企业文化。

(一)中国企业文化特征

相比中国文化的源远流长,中国企业文化的形成过程很短暂,尚处于东西方文化融合和自身演化的过程中,导致中国企业文化的个性不够稳定、不够鲜明。

中国企业注重伦理道德,遵守等级观念,强调不得越级;个性服从于共性,个人服从于集体,组织纪律严明;人治、情治、法治相结合,凸显人治,重人情、讲面子,情重于法;老板文化重于企业文

化,老板的是非观念和个人喜好成为全体员工的是非标准和行为规范;员工讲求诚信、勤劳敬业;员工明哲保身,不愿出头,不愿试错,因循守旧。

(二)日本企业文化特征

日本企业文化具有以下特征:

(1)忠诚:员工忠于企业、忠于上司;员工把终生受雇作为人生的荣耀,任劳任怨;员工对企业有较强的归属感,处处维护企业的荣誉,把自己的命运与企业的命运联系在一起。

(2)精益求精:日本企业在细节上追求完美,持续不断地改进产品。

(3)集体观念:重视团队精神,使企业全体员工结成命运共同体;企业之间互助,形成广泛的集团化合作。

(4)论资排辈:晋升较大程度取决于工龄的长短、资历的深浅,大多数员工能在退休前晋升到企业中层以上。

(三)美国企业文化特征

相较于美国短暂的国家历史,其企业文化经历了较长时间的发展,具有以下特征:

(1)创新性。美国企业注重创新和发展,认为新出现的、以前没有的东西就是有价值的,会忽视一些不重要的细节。

(2)个人主义,鼓励自信。在个人主义思想的支配下,美国企业的管理以个人能动性为基础,鼓励员工个人奋斗,倡导个人负责、个人决策,企业鼓励和倡导员工自信。因此,个人英雄主义现象比较突出,许多企业常常把创业者或对企业做出巨大贡献的个人看作企业的英雄。企业对职工的评价也是基于个人能力,加薪和升职也只看能力和工作业绩,不考虑年龄、资历和学历等因素。

以个人主义为特点的美国企业文化缺乏共同的价值观念,企业的发展目标和个人目标是不一致的,员工仅把企业看作实现个人目标和自我价值的场所和手段。企业缺少严密的组织、完善的规章制度,管理者只追求企业目标的实现,所以员工组织纪律性较差,整体工作效率不如东方企业。

(四)欧洲主要国家企业文化特征

欧洲国家的文化受基督教的影响,崇尚个人价值,强调个人高层次的需求。欧洲人重视科学和理性,强调逻辑推理和理性分析,追求民主和精神自由。受此影响,欧洲企业的文化注重人文精神,尊重人的基本权利,管理富于理性,讲究分工协作,重视产品创新和技术更新。

虽然欧洲企业文化的精神基础是相同的,但由于各个国家、民族文化的差异,欧洲各国的企业文化也存在一定的差异。英国人受贵族文化的影响,等级观念强,一直把地主、贵族视为社会的上流阶层,企业经营者处于相对较低的社会等级。英国企业家比较看重社会地位和等级差异,而不是用优异的管理业绩来证明自己的社会价值,导致员工在企业经营中墨守成规,缺乏冒险精神。法国最突出的特点是民族主义,由于法国人傲慢、势利和追求优越感,因此其企业文化表现出封闭守旧的特点。德国人的官僚意识比较浓,组织纪律性强,而且勤奋耐劳。德国企业的决策机构庞大,经营决策集体化,让工人参与管理。虽然其决策严谨,往往要花较多的时间论证，但决策质量高。意大利人崇尚自由，以自我为中心，因此在企业管理中显得组织纪律差、组织松散，企业组织结构化程度低。

文化塑造

赵老板继续问道：基于前面这些介绍和讨论，我们对民族文化、企业文化及其相互影响有了一些基本的认识，要塑造企业自己的文化，应从哪里开始？企业文化建设要遵循什么样的原则？

任何企业都有自己的文化，一个企业要进行文化建设并不是从零开始的。企业文化的形成与企业早期的奠基者相关，奠基者将自己倡导的某些理念提炼与总结，将其概括性地表述为企业的价值观，或者并没有形成文字，只是通过一些事件或企业的决定来体现企业文化。之后，这些价值观开始在企业员工中生根，渗透到企业经营的方方面面，被企业的管理者不断倡导和完善，在工作中被连续不断地贯彻执行。企业对违背这些行为准则的员工进行责罚或予以淘汰，逐渐形成了被广泛接受的集体行为规范。新员工加入时，接受培训，受企业文化氛围的熏陶和同化。当他们按照这些价值观行事时，会受到肯定和鼓励，使整个企业维持了统一的思想和行为规范，形成了现有的企业文化。

因此，企业首先要了解现有企业文化的形成，并评估现有文化所处的阶段，分析企业现有的文化是否和未来的发展战略相吻合，在此基础上进行文化塑造或改造。

一、企业文化形成的四个阶段

（一）第一阶段：不自觉、无意识的文化创造

企业成立初期，老板考虑更多的是如何生产、如何打开市场。此阶段的人员比较少，大家的目标比较一致，因为生存是第一位的，所以大家劲往一处使，老板和员工相处融洽。在这一阶段，企业在发展进程中做出的一些重大决定或选择体现了企业的价值观倾向，无形中对员工是非对错的判断标准造成影响。这些价值观不知不觉地在员工中沉淀，形成这一时期企业文化的内核。

（二）第二阶段：自觉的文化提炼与总结

企业度过了初创期，把更多的精力放在扩大客户群体、扩大市场占有率上。随着市场地位的确定，企业开始总结过去成功的经验和失败的教训，将其提炼为企业经营管理的战术方针，因此企业有了明确的目标和发展方向，进入快速扩张阶段，企业的制度逐渐建立和完善。随着人员规模的增加，机构不断健全，企业开始依靠制度管理人，职责分工更加明确，新的管理理念与工作方法无可避免地与原有的习惯、行为标准发生冲突。一些敏锐的、有先见之明的管理者开始认识到有必要对现有的价值观进行再造和统一，开始自觉地提炼和修正企业文化，并投入人力和财力进行文化建设和推广。

（三）第三阶段：文化的形象化表达

随着企业的持续发展壮大，业务快速扩张，人员数量激增，单

靠人管人、制度管人，用原有的企业文化来约束人变得越来越难。日益庞大的组织规模和多元化的员工结构，对贯彻已有价值观、经营理念提出了严峻的挑战，前期建立的价值观和理念如何在更大范围内得到认同成为这一阶段亟待解决的问题。

大多数企业在这个阶段已经没有了生存的威胁，各种瓶颈问题制约着企业的发展与壮大，企业开始重视组织的运作效率和人的重要性。当企业达到了一定规模，企业文化的深入贯彻变得困难，为了统一思想、认识、行为，需要建立更精炼、核心更突出的、能代表企业追求的核心价值观，树立企业精神。由于人员规模扩大，抽象的企业文化很难让不同背景的员工真正理解、吸收或付诸行动，这时通过塑造典型人物的形象，把企业的使命、愿景、核心价值观形象化，能够使企业文化精神渗透到员工的思想和日常工作中。员工从这些有形个体的身上能真正感受、理解和领会企业文化的内涵，从而引导他们的行动，逐渐将企业文化转化为员工自觉的行为规范。

（四）第四阶段：文化的再造与推广

企业文化建设是一个没有终点的行程，需要不断完善、不断总结、不断更新。当企业的规模不断扩大，企业文化不再完全适应企业发展，或与企业规模不匹配，阻碍和制约了企业的发展时，需要对企业文化或企业精神进行全面的审视，再造与重塑企业文化。尽管再造任务异常艰巨，但企业规模越大，规范和统一员工的行为意识越有必要，也越重要，企业文化的价值就越大，企业值得花大力气做好自身的文化再造。

由于企业规模的扩大，文化的深入推广变得更加困难。企业的领军人物或企业英雄代表着企业的精神,是企业价值观的代言人,发挥着榜样的作用。通过对这些人物形象的广泛宣传,把抽象的文化观念和企业精神变成了具体的人格形象,员工会把注意力放在这些活生生的人物上面,通过他们的言行理解和领悟企业文化的内涵。企业利用这些更直接的示范效应,来达到推广宣传的效果和目的。

二、塑造企业文化应遵循的原则

(一)与企业战略紧密结合

企业战略是企业作为整体该如何运行的根本指导思想,它是对处于环境动态变化之中的企业,当前及未来将如何行动的一种总体表述。企业战略最重要的作用是指明方向。这个方向从长远来看是愿景,从短期来看是战略目标。企业文化则是在找对方向之后,如何实现上下同欲和精神激励的问题。没有方向的任何激励最终都将归于无效,老板不能空喊"大家一定要团结,一定要好好干"等口号,如果不知道到底要往哪里走,员工有力气也没地方使。

企业文化是企业经营战略制定的重要条件,它是协调企业内部人员共同工作的一种哲学。建立在企业成员共同价值观基础上的企业战略,是企业集体意志的表达。企业战略只有建立在这种共同价值观基础之上,企业文化才能有力地支撑战略的执行,最大化地发挥员工的集体合力。

(二)体现企业个性和行业特点

不同的企业,其管理手段和经营思想不可能有统一的模式,老板和员工的道德水准也不尽相同,员工的基础参差不齐,企业每个阶段的经营目标也不一样,这些都是企业自身客观存在的差异。这些差异,同样也是提炼和概括企业文化时必须考虑的个性化特征。同时,企业个性化理念的形成必须建立在对共性的深刻认识基础之上,然后逐步完善和提高。

企业是社会重要的一员,企业理念能够对社会产生影响。企业的理念要体现企业的个性化特征和行业特点,让人们一看就知道企业从事哪类产品的生产,或提供哪种服务,具有什么性质;企业理念对企业的生存发展产生积极的指导作用,能对社会的进步起到一定的促进作用。

(三)发挥高层管理者的核心作用

企业文化主要是由老板和企业管理者等有影响力的人奠定的,要把它塑造为群体的意识。企业管理者要兼顾生产、经营、管理以及企业的文化建设,重视员工在企业文化塑造中的想象力、灵感以及创意。

企业文化建设是一项艰巨、复杂、持久的系统工程,如果缺乏正确周密的规划,会导致根基不稳,或方向偏差。因此,企业管理者必须认真对待,亲自承担企业文化建设的组织工作,随时关注企业文化在建设中存在的困难和问题,给出针对性的指导意见;要善于集中员工的经验和智慧,激励员工,提升他们参与企业文化建设的积极性和创造性。

高层管理者须对本企业的价值观和经营理念信守不渝,发自内心地贯彻执行,做到言行统一,带头践行企业的价值观和行为规范。凡是号召员工做到的，自己首先做到；凡是企业反对的，自己带头坚守。老板的身体力行会对员工产生重大的影响力，推动企业文化建设。老板只有身体力行地实践企业价值规范，做到表里如一，其倡导的企业价值观、经营理念、行为规范才会真正被广大员工所接受、认同，才有生命力。

（四）反映全体员工的共同愿望

企业经营者已经越来越清晰地意识到企业最高层次的竞争已经不单单是有形资源的竞争，而是企业文化的竞争。企业归根到底是由不同的人组成，企业文化通过全体人员以群体行为发挥作用，如果企业文化体系的建立不能反映全体员工的共同愿望，没有得到全体员工的支持，其执行效果必然会大打折扣。

每个企业都希望在社会上有好口碑，其决定因素除了企业的经营理念是否与公众的认知一致外，一个重要的要素就是员工是否真心实意落实、认真执行。

企业文化虽然受老板的影响很大，但也不全是老板说了算。它是在与企业员工长期的合作中形成的，经老板有意识地概括、总结和提炼而明确下来。没有员工的参与，企业文化只是一句苍白无力的口号。

知识和技术的载体是人，而企业文化侧重于对人最大潜能的发挥。企业以文化建设为契机，让员工积极建言献策，唤起员工的主人翁意识，增强他们在企业中的归属感，让企业文化体现员工共同的意志和愿望。

赵老板接着问道：在文化建设方面，企业一般会犯哪些错误？

企业文化总体来说属于意识形态的问题，认识上的问题最终都会以认识的"误区"表现出来。总的来说，企业文化建设有以下几方面的误区：

1."改造员工"的误区

有的企业把企业文化建设的目标定位为塑造员工的思想行为，按领导者和企业的意图来改造员工的观念、习惯和行为方式等。

企业文化建设是一个双向的行为，在促进员工自身提高和发展的同时也在塑造企业管理者自身，两者相互作用、相互促进。如果企业把文化建设的目标当作管理者"文化理想"，其设定的文化建设目标会超出企业自身的承载范围，这种"文化"大而空，缺乏脚踏实地的基础。

2."员工被动接受"的误区

有人认为企业文化是老板所倡导的，是自上而下的，企业文化建设中员工只是被动的接受者，而不是主动的参与者和创造者。

企业文化应是一个企业全部或大多数成员所共同具有的信念和遵循的行为规范。老板的文化素养、对企业文化建设的认知度，对企业核心文化的构架起着重要作用，但企业文化不等同于"企业家文化"，应该让全体员工参与企业文化建设，员工才是真正的主体。只有把老板的战略思考、主导作用与广大员工参与的基础、主体作用相结合，才能真正创造出有生命力的企业文化。

3."形式化、表面化"的误区

有些企业的文化建设往往只是"纸上谈兵"，或者是为企业美容、造型,把企业文化搞成了企业形象宣传,或者用空洞的口号、优美的文字、华丽的辞藻来装饰企业,造成企业文化形式化、表面化、空洞化。

有些老板误以为在墙壁上挂上了企业核心价值观横幅,在办公室装裱了企业文化的字幅,在会上时不时地喊几句口号,就会形成企业文化。如果老板一开始就没有打算将这些文化思想贯彻执行,或没有老板发自内心地身体力行,那它们就仅仅是装饰字幅。如果老板说一套做一套,那就应了人们所说的"缺什么,显摆什么",这样只会让员工觉得老板虚伪,内心对这种"文化"产生强烈的反感情绪,潜意识产生强烈的排斥感,行动上也会表现出来。这种做法将与企业追求上下同欲的目标背道而驰。

落地实施

半年后,我来到赵老板的公司,通过与部分员工和部门负责人的交谈,明显感受到公司内在的改变。企业文化的塑造和推广是一场漫长的马拉松,只要坚持总能到达目的地。

回到赵老板的办公室,我向这位老朋友表达了赞美之情。接着,我们分析了公司文化建设理念与现阶段发展相适应的问题,得出的结论:这些理念与公司所处的发展阶段基本吻合,能够助推企业的发展势头。最后,赵老板若有所思地说:"公司文化建设这个头开得不错,但还有一个困惑我的问题。"

赵老板解释道：经过几个月的文化建设，管理层在关于企业文化的许多问题上达成了统一的认识，员工的积极参与使这一工作有了更扎实的基础。但还有一个现实问题，即如果向企业内外逐一表述企业愿景、企业使命、核心价值观、企业精神等概念，则显得非常的机械化、程式化，没有一种灵动之气，缺乏触动人心的感召力。这些内容将对企业有长久的影响，他尝试着提炼和概括，但其内容既不够简洁明了，文字也不优美，远不及百年老店的那些内容凝练、富有感染力的店训。既然自己都不能接受，又如何向员工推广，并达到深入渗透的效果？怎么可能将其转化为员工的行动准则呢？向消费者宣传，能否赢得他们的认可呢？

我理解赵老板的困惑和担忧。创始人把企业当作自己的孩子，寄予殷切的希望，希望企业能健康茁壮地成长、长命百岁。企业发展到今天，来之不易，因此创始人特别重视企业文化建设，希望自己能赋予企业特别的文化内涵，对其未来产生积极和深远的影响，希望所塑造的企业文化一代又一代地传承下去。赵老板拿百年老店的店训做参照，就是这种心理的真实反映。

我也非常欣赏这些百年老店沉淀下来的文化，比如同仁堂的店训：

求珍品，品味虽贵必不敢减物力；

讲堂誉，炮制虽繁必不敢省人工。

言行当至诚，立世信为基。

修合无人见，存心有天知。

这些店训体现了行业的特点和企业的性质。对同仁堂而言，供奉御药，需以身家性命担保药品的质量，因此客观上要求其必须具有视质量如生命的意识，这种意识融入了历代同仁堂人的骨髓，他们上百年来不敢懈怠。从主观意识上讲，既然存心济世，质量优劣关乎性命，必然兢兢小心。这种主客观的要求，需要企业的管理者和员工谨遵这些信条和理念，它们包含了企业使命、价值观、企业道德精神，用当时人们喜欢的语言形式表述，综合体现了企业文化的要素。

若用一句话概括同仁堂的企业使命，那就是"同修仁德，济世养生"。同仁堂的创始者尊崇"可以养生，可以济世者，惟医药为最"，把行医卖药作为一种济世养生、效力于社会的高尚事业。历代继任者，始终以"养生""济世"为己任，恪守诚实敬业的信条。

瑞蚨祥面对八方来客，无论是达官显贵，还是平民百姓，一律以诚相待，始终坚持童叟无欺、一视同仁。企业恪守"诚实守信"是最基本的价值观，以"讲信誉"作为最根本的行为准则。

胡庆余堂的招牌、匾额很多，大都是朝外挂的，唯独有一块横匾却是朝店内挂的，就是那块"戒欺"横匾。据说"戒欺"两个大字是胡雪岩亲手所写，"凡百贸易均着不得欺字，药业关系性命，尤为万不可欺。余存心济世，誓不以劣品弋取厚利，惟愿诸君心余之心，采办务真，修制务精，不至欺予以欺世人，是则造福冥冥，谓诸君之善为余谋也可，谓诸君之善自为谋亦可"。这是创始人胡雪岩对胡庆余堂经营者的谆谆告诫，是胡庆余堂制药的铁定规则，也正是胡庆余堂称雄制药界的原因所在。百余年来，胡庆余堂的"戒欺"信条，一直有两个最为坚实的支柱："采办务真""修制务精"。

胡庆余堂要求所采购药材为真材实料,不以假乱真,强调控制原料的品质;同时,要求在药物制作的过程中,精工细作、讲究工序、严格控制工艺,保证中成药的疗效。"真不二价"也体现出"戒欺"的理念,做到质优价实、童叟无欺,体现出对顾客的尊重和对生命的敬畏。

人们看到这些店训时,就会感受到它所传达的企业经营宗旨。企业宗旨是关于企业存在的目的或对社会发展某一方面应做出贡献的陈述,是企业使命的另一种叫法。企业的宗旨往往被认为是对企业存在价值的一种肯定,是每一个企业独特的生存理由和赖以生存的方式,尽管不一定刻意以"企业宗旨"的字样表达出来,但它是企业领导者头脑中的信念,是他们对企业未来的设想,并通过他们坚定的行为不时地体现出来。如"存心济世"就是胡庆余堂的最根本宗旨,其灵魂是"务真、务精、戒欺"。

我对赵老板说:有的店训是企业经历了生死攸关的重大事件,历经商海沉浮才体会到的经验教训,是他们心血的总结,所以刻骨铭心。由于这些店训表达了他们发自内心强烈诚挚的愿望,因此要求后来者用生命来坚守和捍卫。有的店训是因为创办人一开始就从主观上认识到这种经营理念的重要性,所以发自肺腑地要求企业坚定不移地认真执行。这些店训所体现的价值观在一次次重大利益面前经受住了考验,企业诚挚的愿望和始终坚守的经营理念深深地打动了顾客,也融入了员工的内心,转化成为员工的自觉行动。因此,店训被人们广为传颂,企业形成了良好的信誉和口碑。

古人擅长使用排比、对仗等修辞手法,用凝练、简洁的文字表达他们的经营理念,同时表达内容符合人们当时的文化审美。但真正引起人们内心共鸣,打动内心的是他们真诚的愿望和长期坚守的价值理念。如果企业没有强烈真挚的愿望和真正的动力践行自己的文化理念,即使用了动听、优美的语言,这种标榜的企业文化也是毫无感染力和生命力的,既打动不了客户,也得不到社会广泛认可,当然也激励不了员工发自内心地落实执行。

企业愿景、企业使命、企业价值观、企业精神、企业道德等文化概念是用来引导企业领导者思考和勾勒自己的现在以及理想中的蓝图,企业不一定刻意地逐一将其表达,要按管理者头脑中最希望的、最符合内心的想法来提炼。不要让语言文字、形式束缚了其真挚愿望的表达。只要是企业发自内心的真实愿望,越平实的语言,越有感染力。

听后,赵老板有一种如释重负的感觉,他总结道:不拘泥于形式,真挚、真诚、平实地表达企业内心最强烈的愿望,将是我们提炼和塑造企业文化的基本准则。把企业文化的内涵落实在行动上,用真诚的行动来践行我们内心的愿望和承诺,是实施、推广和宣传企业文化的主基调。

下篇

钱的问题

第七章　投资人及资本游戏

最近,某老板的公司正在引入外部资本,他希望听听大家的意见,于是召集大家聚会。这一天正值正月十五,老朋友们怀着喜悦心情按时到达,相互恭贺新春,赵老板还带来了小礼物。我们很快进入正题——投资人以及资本游戏。

老板与资本方因为相互需要而走到一起。在企业的发展过程中,老板通过股权融资使企业在某一发展阶段内补充必要的血液,储备扩张所需的弹药,助力企业的发展和壮大;资本方希望通过股权投资取得合理的回报,两者形成互利共栖的关系。

企业发展到一定阶段,通过股权融资引进资本,或企业重组,整合各方资源,扩大经营规模,这些都是重要的战略步骤。但凡事有利则有弊,在企业引入资本的同时,也会带来股权架构的改变,企业控制权可能发生改变。企业股权如同高楼大厦的根基,如果老板对股权融资带来的一系列影响有所认识,就会谨慎对待涉及企业控制权的问题。

在国际上企业创始股东被资本驱逐的案例并不少见,国内企业也频频上演。创始人辛辛苦苦创业,企业成长壮大后却被投资人摘了果实,这是很难让人接受的现实。大名鼎鼎的苹果创始人乔布斯，也曾被董事会（资本方的代表）逐出公司。雷士照明的创始人吴长江，十年内在董事会"两进三出"，最终不敌资本方，被逐出了企业。名噪一时的"万宝控制权之争"，由于宝能系持股比例过大，触发了控制权危机，因此万科的创始人团队率先发难，引发了长达数年的控制权之争。

总体而言，中国民营企业家在面对资本方时，由于对资本运作及其游戏规则的陌生，和对股权融资相关知识、法律以及经验的不足，常常使自己处于弱势和被动的位置。

尽管人们把资本市场中利用杠杆收购的资本方戏称为"门口的野蛮人"，但这种游戏和企业的股权融资并不完全是一回事。实际上，企业主要的股权融资对象——财务投资人，还是比较崇尚契约精神的，企业完全可以借助资本的力量快速壮大自己的实力，也能运用这些游戏规则保护自己，使自己的企业控制权不受影响，与投资人和平共处。这一结果的前提是，老板除了对投资人要有一定的认识外，还要了解资本的游戏规则，合理规划企业自身的股权结构，设置必要的法律防火墙。只有有效地降低这些风险，才能防止在将来某个时刻，双方为了各自的利益而大打出手。

认识投资人

资本方也称投资人，掌握着大量的资金，一般可以分财务投资人、产业投资人、并购资本等。

一、财务投资人

财务投资人按投资介入企业发展阶段的时间可分为：天使投资人、风险投资人、私募股权投资基金。

（一）天使投资人（Angel Investment，AI）

天使投资关注处于初创期的企业，主要投资具有重大发展潜力的初创企业。天使投资人通常投入资金的金额较低，承担的风险较高，但潜在的投资回报最大，天使投资大多属于一种自发而又分散的民间投资行为。在中国，天使投资已经从最初的个人投资逐步向机构化投资转变，一批优秀的天使机构快速成长为这一市场的重要力量。

很多天使投资人本身就是企业家，他们了解创业者面对的问题和困难。天使投资人是初创企业最佳的融资对象，他们不但可以带来资金，而且能带来社会关系等资源。如果天使投资人是社会知名人士，可为企业背书，使企业享受他们名誉上的便利，有助于创始人开展业务活动。

天使投资往往是一种参与性的投资，不会影响创始人团队的控股权。不同的天使投资人对被投企业管理的态度有所不同。有的天使投资人在投资后，积极参与被投企业的战略规划，帮助企业做出战略决策；为被投企业提供某方面的咨询服务；协助被投企业公关，帮助企业规划资本市场发展之路，等等。有的天使投资人则不参与被投企业的管理。

天使投资人一般拥有丰富的企业经营或管理经验，其中有不少人是投资银行家或资深的创业成功人士。他们选择项目时不太注重行业，偏重机会。在他们看来，机会比行业更重要，他们具有较强的项目鉴别能力。

天使投资人既进行权益性的投资，也进行债权投资。天使投资人一般希望在适当的时机退出投资，而退出的渠道是企业被收购和公开上市。天使投资人只投资自己熟悉的项目，对项目的地理区域有所偏好。

一般来说，天使投资人都比较低调，不希望被更多的人熟知。但他们并不是把自己封闭起来，天使投资人之间会互通有无，共同寻找好的项目。他们手中不缺钱，而是缺项目，他们彼此之间相互交流，分享关于项目的信息。

（二）风险投资人（Venture Capital，VC）

风险投资人简称风投，是私募股权投资基金的一种，一般投资于处于发展早期的企业，他们的投资阶段晚于天使投资人。风险投资人通常由一群具有专业技术及财务相关知识和经验的人组成，通过对早期项目专业化的判断，为优秀的创业者及项目提供所需资金。

一些拥有巨大资金量的基金投资公司，比如退休基金和保险公司，也会把很小一部分资金投入早期、高风险的项目。这些资金以小博大，如果项目投资失败，损失可以由其他稳健的投资弥补回来；但如果这些项目中一旦有部分项目投资成功，会带来可观的回报，从而提高基金的投资收益率。

风险投资和天使投资的区别：

(1)投资阶段不同。天使投资一般发生在企业的初创期;当企业经历过初创期的摸索,找到一条可行性较强的发展之路时,风险投资介入。

(2)投资人不同。风险投资是机构行为;天使投资人一般是事业比较成功的个人,因此天使投资多为个人行为,或者是一些小的投资公司运作。

(3)投资金额不同。风险投资的投资金额一般比天使投资的金额大。在中国,天使投资的投资金额相对较少,每笔投资额约为几万美元至数十万美元不等。

(4)投资决策程序不同。风险投资需要理性分析投资的项目,并能够相对准确评估面临的风险;天使投资依赖大量的经验和直觉,大多是基于投资人的主观判断,因此对创业项目的审查相对不太严格,手续简便,决策周期短。

(三)私募股权投资基金(Private Equity,PE)

私募股权投资基金主要的投资对象是拟上市公司的股权。投资人通过这些股权的上市流通,收回投资成本,取得投资收益;或通过被并购或向创始人股东转让退出,实现投资收益。

一般而言,这类投资所投的阶段比风险投资再晚一些,有的投资于企业上市前,这时被投企业已经具有一定的规模,其商业模式和盈利模式基本定型,因此其风险比风险投资低,投入的资金规模较大,背后的实际出资人大多为有限合伙人。私募股权投资基金大多以参股企业为主,股权比例不会太高,不以取得企业控股权为目的。基金管理团队具有丰富的投资管理经验和市场运作经验,能够帮助企业制定适合的发展战略,必要时对企业的经营和管理提出改进意见。

二、产业资本

财务投资人专注于投资活动,不以取得企业控股权为目的。老板除了需要认识上述财务投资人外,还需要了解产业投资人的基本特征,以及一些行业内的产业资本。

产业资本来源于境内外大型企业集团,这些企业集团和被投资企业一般有一定的业务关联度:或从事与被投资企业相同的行业,或从事被投企业的上下游业务,或从事与被投企业关联密切的行业。他们投资的目的是产业链的横向或纵向扩张,或着眼于弥补自己产业链的短板,或着眼于产业链的协同优势,以强化自身的市场影响力。产业资本投资的期限可以长达数十年,投资期间很少套现,以最终取得被投企业的控制权为目的。他们也可能实施分步投资的计划,首先参股标的企业,然后通过逐步追加投资直到取得目标企业的控制权。产业投资人的决策程序复杂,决策周期较长。

对被投企业来说,产业资本的优点是:产业投资人除了能投钱之外,一般还能给被投企业带来技术、管理方面的支持,为被投企业带来客户、供应商、渠道等方面的资源,产生协同效应,凸显战略布局的效果,有助于被投资企业快速发展;被投企业融入的资金稳定,不用担心短期套现而造成资金紧张。其缺点是被投企业的核心技术有可能被剽窃,某些资源如销售网络或渠道等可能被无偿占用；因双方都处于同一行业，有较高的关联度，相互制约性强。基于这些特征，被投资企业在接受产业资本时需更加慎重。

相较于产业投资人，财务投资人会挑肥拣瘦、急功近利。因为财务投资人主要的退出渠道是资本市场，所以他们更多地关注行业周期和资本市场周期，着眼于三到五年的投资收益，不求天长地久，但求曾经拥有。他们把企业当作是一头"养肥就卖的猪"，虽然口里常常念叨着"白头偕老"，但内心从一开始就盘算着退出的时机。由于投资团队缺乏经营企业所需的条件，财务投资人一般不会觊觎被投资企业的控制权，在投资时尽量压低企业估值，同时，他们一般会制定苛刻的对赌条款。其优点是：决策速度快，同业竞争的风险小，有助于标的企业被资本市场认可，对被投企业未来的上市有积极作用。

在投融资活动中，产业投资人与财务投资人经常相遇，有时会相伴而行，彼此间通力合作，各取所需。

三、并购资本

除这两类投资人外，还有一类资本，即并购资本。并购资本主要专注于并购目标企业，通过收购目标企业股权，获得对目标企业的控制权，然后对其重组改造以提升企业价值，必要的时候可能更换企业管理层，成功持有一段时间后再将其出售。并购资本相当大比例投资于相对成熟的企业，这类投资包括帮助新股东融资以收购某企业、帮助企业融资以扩大规模或者帮助企业进行资本重组以改善其营运的灵活性。并购资本涉及的资金规模较大，常达数十亿元。

投资人的关注点

产业投资人对不同项目的关注点差异很大。相对而言,财务投资人在企业各个时期对被投企业和所投的项目的关注有一些共同点,概括如下:

一、财务投资的投资时点

(一)企业发展早期

种子轮是指创始人在刚有点子或创意时的投资。这个阶段的关注点就是创意,投资人只看创始人团队的创意,因为还没有团队。"用几页纸就能融到钱",说的就是这个阶段,此时企业估值较低,创始人能融到的资金较少。

天使轮是指对创始人有团队、初始产品时的投资。这个时候,企业形成了初步的商业模式,也拥有了少量用户。产品或服务品种被开发出来,其迭代升级和营销都需要钱,这时候企业的融资规模与种子轮相比要大一些。

A轮是指企业生产的产品迭代升级,开始批量化生产,形成基本的盈利模式时的投资。这个时候投资人关注的是企业能否使商业模式规模化。

(二)企业发展中期

B、C轮是指在企业的商业模式逐渐完善,盈利模式得到充分验证,企业实现了盈利时的投资。这时企业希望成为行业的头部企业,需要有大量资金占领市场,形成先发优势。投资人关注企业的客户增长情况、订单数量、用户重复采购的频率、商业模式是否可以被大量复制等。

(三) 企业发展后期

当企业达到一定规模,而且位于行业前列,成为细分行业的领导者时,它具备了持续盈利的能力,将首次公开募股。这个时候企业需要形成规模效应,拓展新业务,实现全方位发展。投资人主要关心的是企业的营业收入规模等财务指标。

二、项目的选择

在投资人眼中,被投资项目的价值取决于四个要素:项目方案满足市场需求的潜力、方案实施难度、项目问题解决方案的优劣、项目管理团队素质的高低。

在其他条件相同的情况下,项目满足市场需求的潜力越大,其投资价值越大,越容易受到资本的青睐;解决方案的有效性决定其投资价值,一旦问题得到解决,市场的潜力就会彻底爆发,项目的成长空间就会被释放;同理,优质的解决方案会比拙劣的方案具有更大的投资价值。

项目管理队伍的素质越高,该项目的投资价值就越大。一个市场需求旺盛的项目,再加上优质的解决方案,其潜在价值固然很高,但要把潜在价值变成现实,需要通过高水平的管理团队来实现。

投资人在考虑投资项目价值的同时,也要考虑其风险。一般而言,投资风险分为五类:研发风险,即能否形成产品或服务;复制风险,即能否大规模复制;市场风险,即能否成功销售;管理风险,即能否获取利润;成长风险,即能否快速增长。通常情况下,投资人在一个项目中最多只愿意承担两种风险。

投资人对项目的一般要求:项目具有一定规模;风险可以衡量且在一定程度上可控;业务在短期内有大幅增长的潜力;产品或服务具有独特性和竞争优势;项目的销售额和利润增长空间巨大;投资人在某一时点上可以从项目中套现并退出。

资本的游戏规则

股权融资的特点:钱拿到了,股权比例相应地被稀释,企业的控制权相应地被削弱。投资人为了使投入的资金有一个安全保障,在入股的同时,会向企业索要与其出资比例并不相称的权利,如董事会席位、累积投票权,其中最常见的是一票否决权和签署对赌协议。投资人把钱投给企业后,要尽快实现"快速增值、快速回报、快速退出"的投资目的,最好的方式就是让企业尽早上市,或者尽快将企业卖给上市公司,以收回投资,实现增值。

投资人一旦将钱投到企业,原始股东就与投资人共同拥有这家企业,企业运作的规则也将被改变。因此,创始人团队需依据资本方的游戏规则对自身的行事方式和议事规则做出相应的调整,与投资人建立互信,和平共处。

一、投资人保护自身权利的手段

(一)优先股条款

优先股条款是融资方案中的主要条款,它是相对于普通股而言的,是指利润分红及剩余财产分配的权利,优先于普通股。

(二)业绩对赌条款

业绩对赌条款是以被投资企业未来的经营业绩或某个重大事件作为对赌条件,如销售收入的增速、某年的净利润额或企业上市等,以企业原始股东和投资人之间相互补偿一部分股权、补贴现金或退回一部分投资款作为赌注。

(三)一票否决权

为了保护作为小股东的投资人的利益,增强其话语权,防止大股东滥用权利和侵占小股东的利益,投资人往往会在投融资协议中规定,其对特定事项拥有一票否决的权利。

(四)反稀释条款

如果被投资企业在首次融资后需要再次融资,先前的投资人必须获得与新投资人同样的入股条件。实践中,反稀释条款有两种形式:股权比例反稀释条款、股权价格反稀释条款。

(五)回购权(回赎权)

如果被投企业违背约定,在约定的期限内没能上市,或者经营出现重大问题,被投企业或企业原始股东有义务按事先约定的价格回购投资人所持有的股权,从而达到使投资者退出的目的。

(六)共同出售权

如果企业原始股东想要出售股份,作为小股东的投资人就有权随同这些股东一起出售股权。

(七)领售权

如果被投资企业没有兑现承诺,未能在约定的期限内上市,那么投资人有权强制性要求企业原始股东(主要是创始人股东和管理层股东)与自己一起向第三方转让股份,企业原始股东应按照投资人与第三方达成的转让价格和交易条件出售股权。

(八)优先购买权

当被投企业原始股东对外转让股权时,投资人有权在相同条件下优先购买原始股东对外转让的股权。

(九)清算优先权

如果企业触发清算事件,优先股股东有权优先于普通股股东获得每股初始购买价格 N 倍的回报。这里所说的"清算"并不单指因资不抵债而无法经营下去的破产清算。企业因合并、被收购、出售控股权、出售主要资产导致企业原始股东占有存续公司的股权比例低于50%,同样被视为清算事件。

二、投资人退出的方式

股权投资的退出方式是投资人关注的重点,投资人退出的方式主要有以下几种:

(一)通过IPO退出

IPO(Initial Public Offerings),即首次公开发行股票,也就是

人们常说的公开上市。通过 IPO 退出是指企业发展到一定阶段后,通过在资本市场挂牌上市使投资资金实现增值和退出的方式。

(二)买壳上市退出

因为被投企业不满足公开上市条件,所以投资人无法通过 IPO 实现资本退出。投资人在证券市场上买入一个业绩较差、筹资能力弱化的上市的公司(壳公司)的股权,在掌握壳公司的控股权后,剥离壳公司资产,进行资产重组,把自己企业的资产与业务注入壳公司,从而实现被投企业间接上市,达到退出投资的目的。

(三)兼并收购退出

兼并收购是指一个企业或企业集团通过购买其他企业的全部或部分股权或资产,从而影响、控制其他企业的经营管理。并购主要分为正向并购和反向并购。正向并购是指为了推动企业价值持续快速提升,将并购双方对价合并,投资机构股份被稀释之后继续持有或者直接退出;反向并购是指以投资退出为目标的并购,也就是主观上要兑现投资收益的行为。

(四)股权转让退出

它是指投资人的股权被其他投资人或企业收购,完成退出的方式。

(五)回购退出

它是指被投企业以现金的形式向投资人回购该股权。回购一般分为如下两种情况:一种是被投企业的管理层或员工看好该公司,主动要求和投资人达成协议,实施回购;另一种是投资人在被投企业经营不善时,通过执行协议中预先约定的条款将股权卖回给被投企业的创始人股东或其他管理者。

（六）清算退出

被投企业在计划经营期内的经营状况恶化，或者与预计目标偏差较大、无法偿还到期债务，同时无法继续融资时，投资人可要求企业进行资本清算。清算退出通常有两种形式：一是破产清算。如果企业资不抵债，无法继续生产或提供服务，可申请破产。通过破产清算，投资人可以按照法律规定的偿付顺序，收回一定的资金。二是解散清算。如果一个失败的项目既没有其他债务或只有少量债务，又不能得到融资，那么投资人会同被投企业创始人股东通过协商的方式结束合作，实施主动性的停产解散，并决定企业残值的分配，这样可以减少不必要的清算成本和繁杂的流程。

控制权问题

无论是初创企业还是成熟的大型企业，其创始人团队与投资人之间的矛盾都难以避免。中国民营企业粗放式的管理模式与现代资本成熟的运作理念和模式，不可避免地发生冲突和碰撞。民营企业整体战略布局的薄弱点在独自经营时或许并不明显，但一旦与资本相遇，问题就容易暴露出来。创始团队保持企业控制权的方式多种多样，这里仅就股权比例加以讨论。

一、股权融资时投资人的股权比例控制

在企业接受投资时，投资人一般拥有合理的股权比例是多少？

这一比例视企业发展的阶段而定,根据实务操作中的数据给出以下参考。

(一)企业创始阶段

企业处在萌芽阶段时,主要是天使投资人投入资金。企业前期估值比较低,融资额不大,创始人团队应拥有超过50%股权,股权比例最好超过三分之二,从而保证创始人团队在掌握企业控制权的前提下,对外进行股权融资。投资人合理的股权占比应为15%~30%,原则上不宜超过34%。若超过34%,投资人将拥有一票否决权,创始人则失去企业的绝对控制权,而且后面往往还需要进行几轮股权融资,创始人团队的股权还将继续被稀释。

(二)企业成长时期

此时,企业业务快速扩张,规模迅速扩大,可陆续引入外部投资,如风险投资或私募股权投资,其合理的股权比例应为8%~15%,最多不超过20%,股权比例依累计接受的投资总量而定。

企业在引进外部资金时,机构投资者一般会要求公司建立股票期权池,以激励和招募优秀人才加盟。期权池的股权通常由大股东代持。

二、增资扩股时的控制权问题

在股权融资的过程中,企业一般通过增资扩股方式向财务投资人融资。尽管财务投资人不以取得控制权为目的,但如果企业没有规划好向投资人释放的股权比例,一旦财务投资人最终将自己所持有的股权转让给产业资本,就有可能使得创始人股东失去企业的控制权。

雷士照明对外融资的故事,有助于了解创始人股东因向财务投资人融资而失去企业控制权的演化过程。

据新闻报道,2019年8月,老牌的杠杆收购大王、世界最成功的产业投资机构之一——KKR集团,以55.59亿元的对价收购雷士照明中国业务的多数股权。同时,雷士照明也正式宣布,公司已将"雷士照明"商标转让,待交割完成后,KKR将持有雷士(中国)70%的股权。这一新闻将尘封已久的雷士照明再次拉回人们的视野。

1998年底,吴长江出资45万元,他的另外两名同学各出资27.5万元,以100万元的注册资本在惠州创立了雷士照明公司。从股权结构看,吴长江以45%的持股比例位居第一大股东,他的两名同学合计持股55%。当时有经济实力的吴长江可以占有更高的股权比例,但他重情义,并没有特别在意控股权的问题。自2002年起,随着企业经营规模的增加,股东之间的分歧也在悄然孕育着,兄弟间关系的裂痕慢慢加大。

2005年,吴长江提出改革销售渠道的方案,其他两位股东坚决反对,导致股东间的矛盾全面爆发。三方最终达成协议,吴长江以支付给两位股东各8 000万元人民币作为对价,让这两位股东退出了公司。但公司并没有足够的现金用于支付这部分股权款,不得不采用折中的方案,先给两位股东各支付5 000万元,剩余款项在半年内付清。在兑现了一亿元的股权收购款之后,公司被彻底掏空。由于公司极度缺钱,吴长江急需对外展开融资。2006年8月,财务投资人——软银赛富,决定投资雷士照明,投入资金2 200万美元,其股权占比为35.71%。

2008年8月,雷士照明为了增加节能灯的产能,以现金加股票的方式收购了世通投资有限公司(主要从事节能灯灯管及相关产品的制造),该收购需要资金4 900万美元。为了完成此次收购,雷士照明再次寻求私募基金融资。结果,高盛和软银赛富联合向雷士照明投入了4 656万美元。在此次融资中,高盛出资3 656万美元、软银赛富出资1 000万美元。因此,吴长江的股权比例再次被稀释,失去了第一大股东的地位,其持股占比为34.4%。而软银赛富经过两次投资后,其持股比例超过吴长江,达到36.05%,成为第一大股东。高盛以11.02%的持股比例成为公司第三大股东。

2010年5月20日,雷士照明登陆中国香港证券交易所,发行新股6.94亿股(占发行后总股本的23.85%),发行价2.1港元/股,募集资金14.57亿港元。2011年7月21日,雷士照明引进产业资本投资人——法国施耐德电气——作为战略投资股东。软银赛富、高盛联合吴长江等六大股东,以4.42港元/股(较当日收盘价溢价11.9%)的价格,共同向施耐德转让2.88亿股股票。自此,施耐德股份占比达9.22%,成为雷士照明的第三大股东。

从雷士照明的股权结构来看,创始人吴长江早已失去第一大股东地位,软银赛富在雷士照明上市以前就已经成为第一大股东,拥有相对控股权。创始人吴长江似乎并不担心自己控制权的旁落,在公司上市后仍大幅减持股票。转让部分股权给施耐德之后,吴长江直接和间接持股比例合计下降至17.15%的最低点,软银赛富的持股比例仍高达18.48%。2012年5月25日,吴长江因"个人原因"辞去了雷士照明的一切职务,由软银赛富派出代表接替他出任雷士照明董事长,由施耐德派出代表接替他出任CEO。

财务投资人股东引入产业资本时,其目的和动向非常清晰。以黑石、凯雷、KKR集团等为代表的投资机构,善于猎食一些价值被低估或者暂时陷入困境的企业,经过一番整合之后再将企业打包或者分拆出售给产业资本,借此实现财务投资人的投资收益。截至2019年8月,雷士照明的商标已转让,KKR已持有雷士中国70%的股权,但资本的权利游戏并未结束。

我们无意挖掘创始人失去控制权的原因,但从故事的前前后后可以看出,吴长江自始至终对控制权都比较轻视。这个故事给后来者以启示:在利用资本发展企业的同时,对企业控制权的重要性需要有清晰的认识,对股权结构需要有总体的设计和规划,防止出现事与愿违的结果。

三、双方对赌的控制权问题

除增资扩股导致的控制权丧失外,在引进投资人时,企业以业绩增长或上市等作为对赌的条件也会导致丧失企业控制权。由于对赌的结果具有高度不确定性,企业接受对赌之前,需要高度重视控制权问题。

"对赌"直译为"估值调整机制",这体现出了它的本质含义。之所以被称为"对赌",或许是因为这种表述更加形象,并沿用至今。对赌协议是投资方(包括收购方)与融资方(包括出让方)在达成融资(或者并购)协议时,对于未来不确定情况进行的一种约定。如果约定的条件出现,融资方可以行使一种权利;如果约定的条件不出现,投资方则行使另一种权利。因此,对赌协议实际上是期权的一种形式,通过对赌条款的设计,对双方商定的估值进行事后特定条件下的调整,可以有效保护投资人的利益。

下面列举和分析一些与对赌有关的故事,以加深人们对这类问题的理解和认识。

(一)蒙牛乳业与资本方对赌:业绩增速

1999年1月,牛根生创立"蒙牛乳业有限公司",公司注册资本100万元;后变更为"内蒙古蒙牛乳业股份有限公司",简称"蒙牛乳业"。2001年年底,摩根士丹利等投资机构与蒙牛接洽时,蒙牛乳业公司成立不足三年,尚属于初创阶段。

2002年6月,摩根士丹利等机构投资者在开曼群岛注册了开曼公司。9月,蒙牛乳业的发起人在英属维尔京群岛注册成立了金牛公司;同一时间,蒙牛乳业的投资人、业务联系人和雇员注册成立了银牛公司。金牛公司和银牛公司各以1美元的价格收购了开曼公司50%的股权,其后设立了开曼公司的全资子公司——毛里求斯公司。10月,摩根士丹利等三家国际投资机构以认股方式向开曼公司注入约2 597万美元(折合人民币约2.1亿元),取得该公司90.6%的股权和49%的投票权,所投入的资金经过毛里求斯公司最终换取了蒙牛乳业66.7%的股权,蒙牛乳业也变更为合资企业。

2003年,摩根士丹利等投资机构与蒙牛乳业签署了类似于国内证券市场可转换债券的"可换股票据",未来换股价格为 0.74 港元/股;通过可换股票据向蒙牛乳业注入资金 3 523 万美元,折合人民币 2.9 亿元。可换股票据实际上是股票的看涨期权,这种期权价值的高低最终取决于蒙牛乳业未来的业绩。如果蒙牛乳业未来业绩好,可换股票据的高期权价值就可以兑现。

为了使预期的增值能够兑现,摩根士丹利等投资机构与蒙牛乳业管理团队签署了基于业绩增速的对赌协议。双方约定,2003—2006 年,蒙牛乳业的复合年增长率不低于 50%。若达不到此增长率,公司管理层将输给摩根士丹利 6 000 万~7 000 万股的流通股份;如果业绩增长达到目标,摩根士丹利等机构则要拿出相应的股份奖励给蒙牛乳业管理层。

2004 年 6 月,蒙牛乳业在中国香港证券交易所成功上市,其业绩增长也达到了预期的目标。当可换股票据转换为股票时,蒙牛乳业的股票价格达到 6 港元/股以上,摩根士丹利等机构可换股票据的期权价值得以兑现。投资机构给予蒙牛乳业管理层的奖励股份也得以实现。机构投资人与蒙牛乳业管理层的业绩对赌,让各方都成为赢家。

(二)永乐电器与资本方对赌:利润增速

2004 年,在"市场份额第一、盈利能力第二"的指导思想指引下,中国家电连锁企业纷纷跑马圈地,但各自扩张的速度和力度取决于自身的财力。国美与苏宁先后在中国香港证券交易所及上海证券交易所成功上市,打通了资本市场的融资渠道,因而有力支持了自身的市场扩张。而未能实现上市的永乐电器的资金供给困难较多，为了配合市场扩张，永乐电器转而开始寻求资本方的支持。经过历时大半年的洽谈，永乐电器最终于 2005 年 1 月获得摩根士丹利以及鼎晖资本 5 000 万美元的联合股权投资。其中，摩根士丹利投资 4 300 万美元，占股 23.53%；鼎晖资本投资 700 万美元，占股 3.83%。

伴随这次融资，原永乐电器集团董事会主席陈晓与资本方还签下了一纸"对赌协议"，约定了永乐电器 2007 年的净利润目标：完成 6.75 亿元的净利润指标。若达不到该利润指标，陈晓则需要根据利润实现情况向资本方转让一定数量的股权。2002—2004 年，永乐电器的净利润分别为 2 820 万元、1.48 亿元和 2.12 亿元，显然这个盈利水平与 6.75 亿元的目标相差甚远。

摩根士丹利设立的利润指标是否合理呢？摩根士丹利认为合理，其理由是，永乐电器过去几年的净利润增长速度一直保持在 50% 以上，按照这样的速度计算，2007 年实现 6.75 亿元的目标不存在太大的困难。

获得资金后，永乐电器明显加快了在全国扩张的步伐。一方面大力扩张自营连锁店，另一方面在行业内大肆收购。2005 年 5～7 月，永乐电器迅速收购了河南通利、厦门灿坤、厦门思文等区域性的家电连锁企业。2005 年 10 月 14 日，永乐电器在中国香港证券交易所成功上市，融资超过 10 亿港元。但是，在企业上市光环的背后，陈晓开始明显感受到寒流的到来，其跨地域扩张的困局初现端倪。上市一个月之后，永乐电器无奈地承认对外扩张战略开展不利的事实：2005 年全年净利润虽然由 2004 年的 2.12 亿元大幅增加至 3.21 亿元，但店面单位面积销售额和毛利率双双下滑。2006 年 4 月 24 日，永乐电器公告披露"预计上半年的利润低于去年同期"的消息。此消息发布之后，公司股价毫无悬念地连续下挫。永乐电器的投资人摩根士丹利立即减持了 50% 的股票。此时困扰陈晓的，已不再是股价的下挫以及摩根士丹利的套现行为，而是此前签下的那一纸对赌协议。按照永乐电器披露的业绩预警，2006 年的全年业绩很可能低于 2005 年的 3.21 亿元，那么 2007 年要实现 6.75 亿元净利润的希望变得非常渺茫，这就意味着陈晓要赔偿股权给摩根士丹利。

有没有可以快速增加企业盈利的方法？陈晓从 2006 年年初开始就一直在琢磨这个问题。2006 年 7 月 25 日，国美电器正式对外公布收购永乐电器的方案：国美电器通过"现金加股票"的方式，以 52.68 亿港元全资收购永乐电器。如果收购完成，原永乐电器的股东将全部转变成为国美电器的股东，而永乐则会成为国美的全资子公司，并从中国香港证券交易所退市。2006 年 8 月 14 日，永乐电器公布了该年的半年报，上半年永乐电器的净利润仅为 1 501.8 万元，相比 2005 年同期净利润 1.4 亿元，跌幅高达 89%。

随着永乐电器 90% 以上的股东接受国美电器的要约收购，永乐电器退市已成定局，其承诺的以永乐电器股票与大中电器进行资本层面股权置换已无法实现。永乐电器接受国美电器要约收购直接构成了对大中电器的违约，导致双方合作中止。2006 年 11 月，陈晓低调出任国美电器总裁，他在国美电器拥有的股权比例不足 4%。

（三）俏江南与资本方对赌：公司上市

2000 年，拥有十年餐饮经验的"海归"人士张兰，在北京开办了第一家俏江南餐厅，从此迎来了属于俏江南的一个时代。从 2000 年到 2010 年的十年间，俏江南通过不断创新的菜品和高端餐饮的定位，在中国餐饮市场上赢得了一席之地，业务也逐步向多元化发展，衍生出包括兰会所在内的多个业态。

公开资料显示，俏江南在 2000 年创建之初已实现盈利，在连续 8 年盈利之后，其营业额达到约 10 亿元。2009 年，张兰首次荣登胡润餐饮富豪榜第三名，其财富估值为 25 亿元。

2008 年 9 月 30 日，张兰与鼎晖资本签署了增资协议，鼎晖资本注入资金约 2 亿元，占有俏江南 10.526% 的股权。张兰与鼎晖资本签署的投资协议也伴随着副产品"对赌协议"：如果非鼎晖方面的原因，造成俏江南无法在 2012 年年底上市，则鼎晖有权以股权回购的方式退出俏江南。

2012 年年底是当初双方约定上市的最后期限。2011 年 3 月，俏江南向中国证监会发行部提交了上市申请，但在随后的数月内，俏江南却没有收到相关政府部门的书面反馈意见。2012 年春节即将到来之时，证监会披露了 IPO 申请终止审查名单，俏江南赫然在列。至此，俏江南的 A 股上市之路终止，张兰被迫转战港股市场。自 2013 年年初开始，俏江南经营状况陷入了泥潭，多家门店由几年前的常年盈利转变为月月亏损，导致俏江南在中国香港证券交易所上市的计划未能如愿。

与多数案例中创始人因"对赌"失败而出局不同的是，俏江南在鼎晖融资之后，由于后续发展陷入不利的局面，因此投资协议中不利于俏江南的条款如多米诺骨牌般被恶性触发：上市夭折触发股份回购条款，无钱回购股份触发投资人领售权条款，领售权条款又触发清算条款，进而触发清算优先权条款。日益陷入被动的张兰最终被迫"净身出户"。俏江南的陨落，说明张兰作为创业者与资本打交道时，对游戏规则认知的不足，同时也反映了在高估值预期下经营者股东进退两难的处境。

股权融资中，投资人利用法律条款对自身利益进行一环扣一环的保护。创业方与投资方要签署包含系列条款的投资协议，比如股份回购条款、投资人领售权条款、清算条款、清算优先权条款、董事会条款、防稀释条款、竞业禁止条款，以及对赌协议等。这一系列投资条款清单，少则十几条，多则数十条，对创始人股东形成全方位制约，以充分保护投资人自身的利益。

俏江南未能实现在2012年年底前完成上市的承诺，触发了向鼎晖融资时约定的"股份回购条款"。这意味着，俏江南必须用现金将鼎晖所持有的俏江南的股份全部回购，同时保证鼎晖取得合理的回报。假定在协议中，鼎晖要求每年的内含报酬率为20%，那么其2008年初始投入的2亿元，在2013年退出时要求收回的资金至少为4亿元以上。2012—2013年，高端餐饮市场急剧萎缩，导致俏江南的门店数量已在短期内从70家缩减至50余家，公司陷入了财务困境。处于困境之中的俏江南，根本无法拿出这笔巨额资金回购鼎晖手中的股份。

既然大股东没钱回购，投资人可设法将手中的股权转让给第三方。此时,当初约定的"领售权条款"开始发挥效用。

领售权,是指领衔出售公司股份的权利。按照此类标准条款约定,如果被投资企业未能完成约定的事项,那么投资人有权强制性要求企业的原有股东(主要是创始人股东和管理层股东)与自己一起向第三方转让股份,原有股东须按照私募股权投资者与第三方达成的转让价格和交易条件出售股权。如果投资人打算出售公司股份,则其余的股东必须同意此交易,并且按相同的价格和条件一同出售其持有的股份。因此,只要鼎晖能找到愿意收购俏江南股权的资本方,就能顺利套现,收回自己的投资,张兰也必须无条件跟随鼎晖出售自己的股权。

2014年4月,CVC资本(以下简称CVC)发布公告,宣布对俏江南实施收购。CVC是欧洲管理资产最多的私募财团,虽然它有意进入中国餐饮业,但对于鼎晖抛过来的这个"烫手山芋",自然是多了一分谨慎。因此,CVC不仅将收购价格压得很低,而且也没有打算全部由自己掏腰包来收购俏江南。

CVC低价收购俏江南,鼎晖出售了自己那部分股权,但不能完全弥补当初的投资本金,因此要求张兰跟着出售股权,用以弥补投资本金以及必要的投资回报。根据事先约定的条款,只要二者合计出售股权的比例超过50%,就视同为清算事件。一旦触发清算,鼎晖可以启动"清算优先权条款":投资人有权优先于创始股东取得初始投资成本两倍的回报。即张兰必须和鼎晖一并出售公司的股权,要优先满足鼎晖取得初始投资额两倍的价款,如有剩余的款项才能分给张兰。张兰跟随出售股权后,手头持有的股权已所剩无几。

为了降低自身的风险,CVC对俏江南采用"杠杆收购"方式。这种方式最大的特点就是,自己只需支付少量的现金,即可撬动一个大的并购,因而被称为杠杆收购。杠杆收购中,投资人除自身支付的资金外,收购资金依靠债务融资获得,而还款来源则依靠被收购企业日后所产生的现金流。

CVC对俏江南的杠杆收购方案:首先,CVC用少量资金出资设立一家专门用于并购的壳公司;其次,以该壳公司为平台向银行等债权人融资,并将被收购企业的股权质押;再次,壳公司向张兰及鼎晖收购俏江南的绝大部分股权;最后,壳公司将俏江南吸收合并,合并之后将俏江南注销,壳公司更名为俏江南,张兰持有的原俏江南少量剩余股权转变为新的俏江南的股权。这样,原壳公司为收购而欠下的债务就由俏江南承接,俏江南的股权也相应质押给了银行等债权人。债务的偿还仍然依靠俏江南日后经营活动产生的现金流。

CVC收购俏江南的款项中,大部分资金是从银行融资获得,CVC实际只拿出少部分资金。因此,CVC只付出了很少的资金就完成了对俏江南的收购。CVC的设想是:如果日后俏江南的经营状况理想,依靠其自身产生的现金来偿还债务,CVC还能够持有大比例的股权,无论是IPO还是协议转手,皆可获得高额回报;假如收购之后,俏江南的经营状况不理想,无法偿还收购时公司承担的债务,俏江南的股权则被债权人没收,CVC也只损失很少的资金。

2014—2015年,高端餐饮业依然经营惨淡,加上经济增速放缓,高端餐饮的复苏变得遥遥无期,CVC所期望的依靠俏江南产生的现金流来偿还并购贷款的设想根本无法实现。CVC不愿再在俏江南的泥潭里陷得更深,索性放弃了自己俏江南的全部股权,任由银行等债权人处置俏江南。由于当初取得并购贷款时抵押的是俏江南的全部股权,张兰也失去了本已所剩无几的俏江南的全部股权。

四、可转债融资时的控制权风险

可转换债券是指债券持有人可按照发行时约定的价格将债券转换成公司普通股票的债券。如果债券持有人不想转换,则可以继续持有债券,直到债券期满时收回本金和利息,或者随时在流通市场出售债券变现。如果持有人看好债券发行公司股票的增值潜力,在宽限期之后可以行使转换权,按照预定转换价格将债券转换成为股票,发债公司不得拒绝。该债券利率一般低于公司普通债券的利率,企业发行可转换债券可以降低筹资成本。可转换债券持有人还享有在一定条件下要求发行人赎回债券的权利,以及发行人在一定条件下拥有强制赎回债券的权利。

企业发行可转债对企业控制权的影响受以下两种情况的制约:一是在资本市场某些特定的情况下,投资人主动选择将债券全部转换为股票,成为企业的股东。二是企业无力赎回债券,迫使投资人将债券转换为股票,成为企业股东。这时,企业就有失去控制权的风险。

国美电器在2007年5月发行过一笔金额为46亿元的可转换

债,持有人可于 2010 年 5 月要求国美电器赎回。2008 年,国美电器遭遇财务危机,资金链吃紧,使其面临该笔可转换债券赎回的压力,加上全球金融危机对资本市场产生的不利影响,国美电器内外交困。截至 2008 年年末,其应付票据及银行借贷已达 86.57 亿元,而应付账款及应付票据金额高达 129 亿元。

2009 年 1 月,陈晓临危受命,接替黄光裕任国美电器董事局主席。2009 年 4 月,大股东黄光裕同意国美电器的债务重组方案。经陈晓引荐,国美电器引入贝恩资本。贝恩资本是国际性私募股权投资基金,管理资金超过 650 亿美元,涉及私募股权、风险投资资金、上市股权对冲基金和杠杆债权等资产。贝恩资本在国美电器 32.36 亿港元的融资计划中认购了总价 18.04 亿港元的 7 年期可换股债券,国美电器由此逐步走出危机。

2010 年 9 月,在股东大会召开前夕,贝恩资本将其所持有的 18.04 亿港元国美电器可转换债券全部转换为股票,转股价格为 1.108 港元/股,转换股份 16.66 亿股,股权占股比例为 9.98%。转股后的贝恩资本成为仅次于黄光裕的第二大股东。

由于可转换债券的换股决定权在投资人手里,不受企业制约,而投资人是否换股具有重大的不确定性,因而股权结构存在重大的变数。如果财务投资人与产业资本合作,将换股后的股权出售给产业资本,或动用投资协议中的某些条款,则会增加实际控制人对企业控制权的风险。

互利共栖

各方面的过度渲染,夸大了资本所谓的"血腥和冷酷"。当企业想借助资本成就自己的梦想,或解决燃眉之急时,需要充分了解资本的游戏规则,运用规则保护自己的核心利益。

前面列举的这些股权投融资案例,几乎全部是对企业原始股东不利的情形,其目的是让创始人团队对股权融资中投资人的行为动机、投融资协议中的条款及其产生的不利后果有一定的认识,使创始人团队在融资过程中保持足够的冷静和理智,慎重考虑股权融资对企业可能产生的长远影响。创始人团队运用规则,以满足企业的融资需求,防范控制权转移的风险。

实际上,关于企业和资本的融合,成功的案例有很多,投资人成功道路上的"伴侣"并不一定会成为企业的"冷血杀手"。企业创始人对企业有着浓厚的感情,企业承载着创始人的梦想,他们对企业有着强烈的控制愿望。而财务投资人的投资期限一般较短,他们并不关心控制权,只关心能否尽快实现投资增值。一般情况下,二者在控制权的问题上没有冲突。大量事实也证明,股权融资是企业发展过程中重要的助推器,很多企业通过资本的力量迅速成长壮大,并取得了成功,二者能够做到和谐相伴。

企业在引进资本时要认真对待投融资协议中的每个条款,理解这些条款的真正含义和实施后果,尤其要严肃对待对赌条款,不能抱有侥幸心理。对于企业未来的成长性、上市时间节点等重要因素，经营者应充分估计各种不利的情况。企业经营永远处在风雨飘摇之中，充满了不确定性，不能过于乐观地按照企业过去的增长速度，或既往其他企业的上市节奏等重大不确定的条件与资本对赌。

投资人与企业对赌，投资人获得了对赌的胜利其实并不符合投资人的利益。投资人与企业对赌的目的是在企业的成长性达不到预期，或某些重大战略步骤不能实现时，对投资的成本进行一定的补偿，对自己投入的资金提供一定的保护。赢得对赌并不是投资人的目的，即使投资人赌赢了，取得了原始股东的补偿，或对投资进行了回购，其投资收益也不可能太高，不可能满足投资人对投资回报的要求。相反，企业赢得对赌的结果一般比较符合投资方的利益，这往往是双赢的结果。

企业在经营中，如果具有战略规划和危机意识，而不是在盲目扩张后或犯了战略性错误导致资金陷入重大危机的时候，才在慌乱之中决定引进资本来救急，就不会出现有病乱投医，被动或被迫引入资本的情况。若企业在出现重大危机时利用股权融资来救急，一方面迫于资金压力，在没有企业发展计划和股权融资规划的情况下，接受的融资不一定符合企业未来的发展需要；另一方面企业此时往往财务状况不佳，难以取得有利的融资条件。在这种情况下，企业的股权融资犹如饮鸩止渴，从一开始就注定了悲惨的结局，而不能因为结果不利就一味地指责资本方的无情与冷酷。

如果由于形势所迫，在股权融资时不能实现实际控股，企业可以采用一致行动人协议、委托投票权、AB股制、有限合伙企业架构、控制董事会等方式做一些补救性的安排。

对于初创企业来说，其规模比较小，资金实力比较弱。在企业处于全力以赴开发产品或服务品种的时候，若资金出现青黄不接，创始人迫于压力，为了引进资金，会接受一些对企业未来发展不利的条件。有的创始人则是由于融资知识或经验的不足，或忙于解决经营问题，而没有把心思放在企业的控制权上，当企业经营有所起色时，自己苦心经营的企业，已经不在自己掌控之下，莫名的失落会造成心理上的巨大落差。这种矛盾的心理会让企业创始人失去理性。

从企业长期良性发展的角度看，投资人利用某种有利的条件，取得企业的控制权并非明智之举，最终的结果并不一定有利于投资人。

如果企业经过股权融资后，创始人成为小股东，失去了企业控制权和经营管理决策权，如何有效地激发创始人团队的积极性？如果企业失去了最原始的动力，如何保证投资人的投资增值和回报？人力资本时代，资本方应充分尊重人力资本的重要性，充分调动创始人团队的积极性。如果投资人坚持出大钱、占小股的原则，或至少让创始人团队拥有对企业的控制权和决策权，可以建立有利于企业发展的良好关系。

相比之下，产业投资人投资期限较长、投资稳定，可以与被投企业相生相伴，发展目标也比较一致，但双方的战略规划不同，各有各的打算。这种共栖关系取决于双方对未来的规划。

创始人团队在引入资本时,如果在投融资协议中做出具体、清晰的约定;事后,充分地尊重投资人的股东地位及合理需求,及时告知公司的战略规划,按时披露公司的经营和财务状况,定期召开董事会、股东会,可使投资人了解公司重大决策和经营状况,保证双方信息沟通渠道畅通,与投资人建立互信。

企业重组

企业除了利用不同种类投资人的资本增强其竞争实力外,还可以通过企业重组扩张,扩展现有的生产经营模式,以提升竞争力,使企业进入新的发展阶段。

企业重组是重新配置企业已有的资产、劳动力、技术、管理等要素,构建新的生产经营模式,以此从整体上和战略上改善企业经营管理状况,推进企业创新,使企业在市场变化中保持竞争优势。

企业是各种生产要素的有机结合体,企业的功能在于将各种生产要素进行最佳组合,从而实现资源的优化配置。企业的市场需求和生产要素是不断变化的,特别是在科技突飞猛进、市场竞争加剧的情况下,企业生存环境的变动加快,企业要在这种变动的环境中保持竞争优势,就必须不断地进行竞争力要素的再组合,企业重组就是要素再组合的一种有力手段。

在市场竞争中,对企业长远发展最有意义的是:在企业核心竞争力的基础之上建立持久的竞争优势。这种竞争优势是企业盈利的根本保证,没有竞争力的企业生存都是问题,更谈不上发展。因此,企业内部各种生产经营活动的组织管理,以及从企业外部获得企业发展所需要的各种资源,培育和发展企业的核心竞争力,是企业重组的最终目的。获得先进技术,研发出类拔萃的产品;筹集资金,寻求未来发展;提高管理效率,降低营运成本;收购、合并业务,确立行业地位;扩展营销网络,增加产品市场占有率;充分利用未来税收利益;实现最佳资源分配,发挥协同效应,这些都是企业重组的具体目标。

企业重组的意义有两个:一是现有股东持有股权的市场价值最大化;二是现有管理者财富的最大化。二者可能是一致的,也可能发生冲突。增加企业价值是根本的目的。

企业重组的价值主要体现在以下两个方面:

(1)获取战略机会。当企业决定扩大其在某一特定行业的经营时,一个重要策略是兼并所在行业的现有企业,而不是一味地依靠自身内部的发展。其原因在于:第一,直接取得目标企业的研究开发团队及其成果,可减少投入研发的成本和精力;第二,避免了因工厂建设延误的时间,获得了时间优势;第三,减少一个直接的竞争者并直接获得目标企业在行业中的市场份额和地位。

(2)增加管理效率。一种情况是,现有企业的管理者以低效的管理方式来经营企业,当其被管理效率更高的企业收购后,原管理者将被替换,从而使企业管理效率提高。另一种情况是,当现有企业被一种新的经营理念和更先进的企业文化融合后,团队的潜能被开发,管理效率得以提升。

一、企业重组的内容

企业重组内容分为业务重组、资产重组、债务重组、股权重组、人员重组、管理体制重组。

(一)业务重组

业务重组是指重新划分被重组企业的业务从而确定业务板块的行为。它是企业重组的基础和前提。企业重组时首先划分经营性业务和非经营性业务、营利性业务和非营利性业务、主营业务和非主营业务,然后把经营性业务和营利性业务纳入主要业务板块,最后剥离非经营性业务和非营利性业务。

(二)资产重组

资产重组是指对重组企业一定范围内的资产进行分拆、整合和优化的活动,从而提升资产的效率和盈利能力,它是企业重组的核心。

(三)债务重组

债务重组即负债重组,是指企业的负债通过债务人的义务转移和负债转变为股权等方式重组的行为。

(四)股权重组

股权重组是对企业股权进行调整。它与其他重组方式相互关联,同步进行,比如债务重组时的债转股。

(五)人员重组

人员重组是通过优化用工组合、减员等手段,提高企业生产效率。

(六)管理体制重组

管理体制重组是通过修订管理制度完善企业管理体制,塑造新的、更加优秀的企业文化以适应企业管理的要求。

二、企业重组方式

(一)合并

合并是指两个或更多企业组合在一起,组建一个新的公司,原所有企业都不再以法律实体的形式存在,如将甲公司与乙公司合并成为丙公司,甲、乙公司不再以法律实体而存在。现行《公司法》规定,公司合并可分为吸收合并和新设合并两种形式。一个公司吸收其他公司为吸收合并,被吸收的公司解散;两个以上公司合并设立一个新的公司为新设合并,合并各方解散。这里说的合并相当于《公司法》中的第二种情况。

(二)兼并

兼并是指两个或更多的企业组合在一起,其中一个企业保持其原有名称,而其他企业不再以法律实体的形式存在,相当于《公司法》中所说的吸收合并。兼并是主要通过购买等有偿方式取得其他企业的财产权,使其失去法人资格或虽保留法人资格但变更投资主体的一种行为。

(三)收购

收购是指一个企业以购买全部或部分股份(股份收购)的方式购买另一个企业的全部或部分所有权,或者以购买全部或部分资产(资产收购)的方式购买另一个企业的全部或部分资产。

股份收购可以通过与目标企业管理者直接谈判,以交换股票的方式进行,也可以直接面向目标企业的所有者发出购买股份的条件。

资产收购,通常是直接与目标企业管理者谈判。资产收购的目的是获得目标企业的控制权,目标企业的法人地位并不消失。

兼并与收购统称为企业并购。二者的区别是:兼并发生后,兼并企业成为被兼并企业新的所有者和债权债务的承担者,即资产、债权、债务的主体一同转换;而在收购中,收购企业作为被收购企业的新股东,以收购出资的股本为限承担被收购企业的风险。兼并多发生在被兼并企业财务状况不佳、生产经营停滞或半停滞之时,兼并后企业需调整其生产经营方式、重新组合其资产;而收购一般发生在企业处于正常生产经营状态时,产权转移比较平和。

并购是企业资本运作的重要方式,企业在发展壮大的过程中,常常通过并购整合资源、扩大经营规模。根据并购对象、并购动因及并购程序等进行划分,并购有不同的分类。根据并购对象分类,并购可分为:横向并购、纵向并购、混合并购(见图 7.1)。

横向并购、纵向并购、混合并购对并购企业的绩效有什么影响?传统的经济学理论认为,横向并购使企业获得规模经济的优势,有效降低成本,提高生产效率;纵向并购有助于企业减少交易费用;混合并购能够帮助企业规避风险、扩大规模并寻找新的利润增长点。因此,从理论上说,这三种并购方式都可以提高企业的绩效。不同的并购方式对企业的业绩有着不同的影响,需结合实际情况定量分析,下面给出一些定性分析的结果。

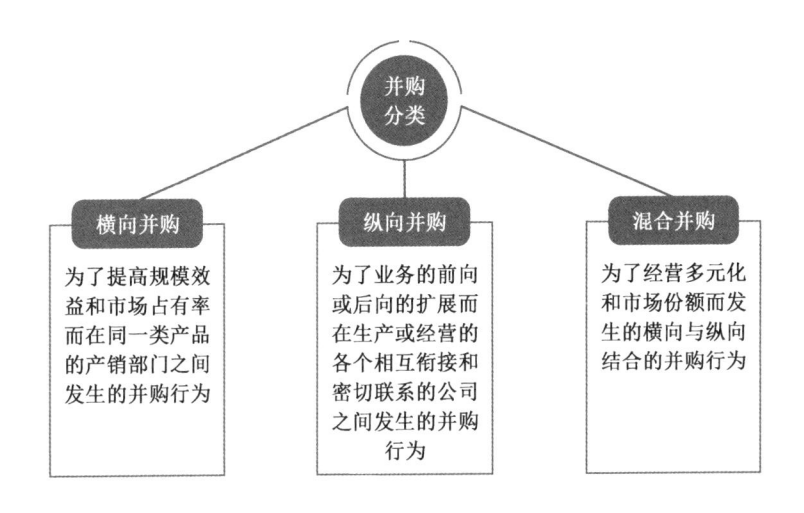

```
                    ┌─────────┐
                    │  并购   │
                    │  分类   │
                    └─────────┘
         ┌──────────────┼──────────────┐
    ┌────────┐     ┌────────┐     ┌────────┐
    │横向并购│     │纵向并购│     │混合并购│
    └────────┘     └────────┘     └────────┘
    为了提高规模效   为了业务的前向   为了经营多元化
    益和市场占有率   或后向的扩展而   和市场份额而发
    而在同一类产品   在生产或经营的   生的横向与纵向
    的产销部门之间   各个相互衔接和   结合的并购行为
    发生的并购行为   密切联系的公司
                    之间发生的并购
                    行为
```

图 7.1　并购分类

1. 横向并购存在规模效应

横向并购是指同一产业或生产相同类别产品的企业之间发生的并购，其目的是扩大企业经营规模，产生规模经济效应，提高生产效率，降低生产成本，提高市场占有率和竞争力。

2. 纵向并购有利于提高生产效率

纵向并购是指处于同种产品不同生产阶段的企业之间的并购。纵向并购的优点是能够促进并购企业形成一条完整的产业链，有助于企业在生产经营各个环节的协作配合，降低交易成本，从而大幅提高企业的生产效率。

3. 混合并购带来较好的产业协同效应

混合并购是指经营活动处于不同行业，而且在经营上也无密切联系的企业之间的并购。一方面，混合并购为企业涉足新的经营领域、实现多元化发展提供了便捷途径；另一方面，由于不同产业之间经营上、财务上的互补性以及管理效率的相互渗透性，混合并购能够产生一定的协同效应和多元化的业务收入。

（四）资产剥离

资产剥离是指一个企业将其下属部门（子公司或生产线）的资产出售给另一个企业的交易。它具体是指企业将其部分闲置的不良资产、无利可图的资产或产品生产线、子公司或部门出售给其他企业，以获得现金或有价证券。

（五）分立

分立是指公司将其在子公司拥有的全部股份按比例分配给公司的股东，从而形成两家股权结构相互独立的公司。通过分立，公司可独立出不同的法人实体。

三、重组中的支付方式

一般来说，企业重组中的支付方式主要有现金、股票、债券、财务杠杆等。其中，现金支付是向对方股东支付现金，可以一次性支付和分期支付；股票支付是指重组方不向被重组方支付现金，而是向其定向发行新股或定向配售新股；债券支付是向被重组方定向发行债券，或用已发行的债券转换为对方股东的股票；财务杠杆是指重组方通过举债，即增加自身的财务杠杆来完成重组，如企业并购中的杠杆收购等。

不同支付方式对企业的融资能力要求各不相同，在实践中重组方可以结合自身的现金能力、资产的流动性和向外筹集资金的能力,以及对方对支付方式的要求等诸多因素,选择有利于自身、能得到对方认可的支付方式。

四、重组后的管理措施

当重组完成后,企业会对被重组方实行一系列的操作,以达到重组的目的。

(一)更换管理层

当被重组企业的管理能力比较薄弱从而导致企业活力不足时,更新现有管理层成员或者为现有管理层补充新的管理人员就显得非常必要。一般情况下,管理层候选人应具备以下品质:被重组企业所在行业的管理经验;修整企业的经验;善于变革的思想和能力;优秀的领导才能;超强的组织能力等。

新的管理层如对原企业的长处和弱点有敏锐的感知,就能制定出适合企业重组的策略,并带领原企业组织实施、完善发展。在多数情况下,需要改变原企业的经营方式,并引入重组企业的核心文化价值观。但推动这一变革并不容易,新的管理层需要具有坚强的毅力和卓绝智慧。

(二)强有力的财务控制

几乎每个陷入困境的企业,其财务控制和财务管理的力度都不强。如果新的管理层要对陷入困境的企业取得实质性的控制权,就需要一个完全有效的财务管理控制体系和报告系统。管理层需要将这个体系用于强化日常管理,监控公司经营活动并做出有效的财务决策。管理层还应当建立适当的业务规范运作体系,监控业务，以此对企业整体运营效果进行早期预警，从而尽早发现问题、解决问题。

（三）组织变革

企业调整管理层团队的同时，要保证与中间管理层及员工的沟通公开、通畅，使信息得到充分交流。这种调整不是简单地创建新的组织结构和重新制定申报流程，而是将精力放在重大问题的交流和沟通上面，以赢得中层管理者和员工的充分理解和支持。

对管理者来说，在组织变革的过程中，调动员工积极地参与至关重要，要从员工的角度出发来考虑问题。比如，在某一个阶段，员工对变革的看法是怎样的？他们想了解什么？他们有什么要求？领导者应根据员工的有效反馈尽快做出调整。

对员工来说，他们希望了解变革计划和变革的最新进展，以及重组给自己带来的变化和自己工作内容的改变。只有将员工的切身利益与公司重组的出发点相结合时，才能取得重组的最佳效果。

（四）市场营销

由于原企业通常不具备明确的或完善的市场营销策略，因此企业的营销队伍应基于业绩采用措施，这些业绩驱动措施必须对企业重组的目标有效。

（五）降低成本

降低成本策略的直接目的在于增加原企业的利润率，产生更多的现金流量。降低费用的最终目的在于使原企业的成本水平得到改善，并使间接费用与销售总额相匹配。

公司增加利润率的方法，通常是以重新定价和销售总额费用率为导向。在原企业亏损的情况下,尽管与提高产品或服务的售价相比,降低费用通常需要更长的时间,但这种方式更为直接和可控,能有效提高利润率。

第八章　债权人及危机管理

阳春三月，梅花、玉兰花等花卉相继开放；柳条吐绿，在风中摇曳。春天总是带给人希望。经营企业是一件繁重的事务，总会经历不如意，永远怀抱希望则是老板不竭的动力。此时，有人提议游园踏青。在园中，大家边走边交流。其中几位老板一直在聊企业债务，回到茶舍，话题仍在继续。

债务融资

企业的融资方式主要分为两类：股权融资和债务融资。股权融资的融资对象是投资人，债务融资的融资对象是债权人。根据是否纳入金融监管，可将债权人分为：金融机构、民间借贷债权人。

金融机构是经金融监管部门批准设立的从事资金融通业务的金融组织及其分支机构。这类债权人受金融监管部门的严格监管，常见的债权人有商业银行、政策性银行、信托公司、小额贷款公司、财务公司等。

民间借贷是以货币或其他有价证券为标的融通资金的行为。它主要是指自然人之间、自然人与法人或其他非金融组织之间，以及法人或其他组织相互之间融通资金的行为。民间借贷不受金融监管部门监管,但受人民法院管辖。

企业的债务融资,按融资渠道的不同,可分为:银行贷款、债券融资、信托融资、金融租赁、商业信用等。

一、银行贷款

银行贷款是企业债务融资的主要形式。中小民营企业信用评级不达标是其获取银行贷款的主要障碍。总的来说,民营企业的薄弱点包括:资本积累不足,资产规模小,担保手段欠缺;管理层经营管理经验不足;经营目标短期化,缺少长远的规划;企业财务数据造假等,这些因素加大了银行的信贷风险。尽管存在这些不足,但中小民营企业依然是最有活力的"专精特新"企业的主力。从国家对中小民营企业的扶持政策来看,银行贷款逐渐成为这些企业债务融资的主要形式。

银行贷款形式包括:组合贷款、担保贷款、贸易融资、委托贷款、项目融资等。

组合贷款也称银团贷款,是一种引入第三方,甚至第四方的贷款方式。它可以扩大融资规模,分散单个银行的风险,有效提高贷款融资的可行性。

担保贷款,是指企业在自身信用资质达不到银行贷款要求的情况下,由第三方提供担保,增加信用资质以获得融资的一种方式。担保机构要求企业具有稳步、持续的经营能力,并从企业财务报表上反映的资产负债率、现金流量、利润增长率等财务指标来判断企业今后是否具备偿还债务的能力。除此之外,担保机构还看重企业核心管理层的素质,即企业的管理团队是否具有战略眼光、团队是否具有凝聚力等。企业借助担保机构提供的担保,提高了贷款的成功率。值得一提的是,银行和担保机构都非常看重企业及其实际控制人的信用记录。如果申请企业或企业主过去有不良信用的记录,担保机构和银行可能会将其拒之门外。企业还应该保持良好的纳税记录,避免法律诉讼、合同纠纷,注重产品服务的社会口碑,这些都会对企业获批银行贷款产生积极的作用。

贸易融资是指与进出口贸易结算相关的短期融资或信用便利,主要包括打包贷款、承兑汇票、出口押汇、进口押汇、保理业务等。贸易融资的关键是银行依托对物流、资金流的控制,或对有实力关联方的责任和信誉捆绑,在有效控制授信资金风险的前提下提供授信。贸易融资业务注重贸易背景的真实性和贸易的连续性。例如,对信用记录、交易对手、客户违约成本、金融工具的组合应用、银行的贷后管理和操作手续等情况的审查;贸易过程所产生的销售收入构成贸易融资业务的主要还款来源,融资额度核定由贸易额扣除自有资金比例确定,期限严格与贸易周期匹配,使资金不被挪用;风险控制手段包括注重贸易合同的审查,并调查上下游企业,重点审查短期偿债能力,加强对单据的控制、对现金流的封闭管理。

委托贷款是指企业将资金委托给银行管理。企业间的直接借贷行为不在金融监管机构的监管范围内,而企业通过委托贷款的方式将贷款纳入金融监管,提高了借贷行为的合法合规性。

项目融资是指借款人原则上将项目本身产生的现金作为还款来源,而且将项目产生的现金作为质押的标的。项目融资的方式有两种:无追索权的项目融资和有限追索权的项目融资。无追索权的项目融资也称纯粹的项目融资,在这种融资方式下,贷款的还本付息完全依靠项目本身的经营效益;同时,贷款银行为保障自身的利益,也必须取得该项目拥有的资产的物权担保。如果该项目由于种种原因未能建成或经营失败,其资产或收益不足以清偿全部贷款时,银行无权向该项目的主人追索。有限追索权的项目融资是指除了以项目本身产生的收益作为还款来源和取得物权担保外,贷款银行还要求由项目实体以外的第三方提供担保。贷款银行有权向第三方担保人追索,担保人承担的责任以他们各自提供的担保金额为限。

二、债券融资

债券融资是指企业以解决资金为目的,通过发行债券融资的方式。一般的债券融资,应当依法向有关部门申请批准,经批准后才能发行债券。

三、信托融资

信托融资是指将受托资金或受托资产以融资(如贷款、融资租赁等)的方式借给资金或资产的需求方。

四、金融租赁

金融租赁也称融资租赁,是指出租方和租赁方以书面形式达成协议,由承租方选定具体的设备或设施,出租方购买并在特定的期限内拥有其所有权;以承租人支付租金为条件,将期限内的设备或设施的使用权和收益权让渡给承租人,承租人最终拥有所有权的融资行为。

对于企业来说,厂房、设备、运输工具等都可以用于金融租赁。金融租赁作为企业实现融资的一个有效的手段,是成熟资本市场常用的融资工具,具有以下特征:(1)全额融资,融资和融物并举;(2)节省资本性投入,降低企业现金流量的压力;(3)融资无需额外的抵押和担保品;(4)起到一定的避税作用;(5)融资期限长。

五、商业信用

商业信用是指在商品交易中由于延期付款或预收货款所形成的企业间的借贷关系,包括应付账款、应付票据、预收的货款或商业汇票等。商业信用筹资的优点是容易取得,不负担成本;其缺点是在放弃现金折扣时所付出的成本较高。

融资决策

债务融资是指企业通过发债或借款等方式进行的融资,其取得的是资金的使用权,到期时须归还本金。除通过商业信用取得的资金无需支付利息外,其余筹借的资金基本上均需支付利息。

股权融资是指企业通过出让部分股权,主要以增资扩股的方式进行融资。对融资取得的资金，企业无须还本，但新、老股东将共同分享企业的盈利与价值增长。相较于债务融资，股权的融资的成本更高。

债务融资增加了企业的负债比率，过高的负债比率会造成企业的财务危机。与股权融资相比，债务融资除在一些特定条件下会影响企业的控制权外，一般不会引发企业控制权的转移。

债务融资具有财务杠杆作用，能够提高股东的投资回报率。企业的资本由两个部分构成：债务资本和权益资本。企业最佳资本结构是指企业在适度财务风险的条件下，使其预期的综合资本成本率最低，同时使企业价值最大的资本结构。每个企业都存在最佳的资本结构。

企业的价值随负债比率的增加而增加，因为债务的利息费用可以在企业所得税前列支，所以能起到节税的作用，会给企业带来利益。随着负债比率的增加，股东投入资本的收益率和企业价值也相应提高。但随着负债比率进一步增加，企业破产的可能性加大，产生破产的概率也会增加，负债比率太高反而会降低企业价值。因此，企业价值在某个负债比率点上会达到最大值。在这个临界点，企业的资本成本最低、企业价值最大，其所对应的债务融资和股权融资的组合比例即为最佳的资本结构。

企业的融资决策，就是要找到最佳资本结构比例这个平衡点。同时，融资还要依据企业的实际情况，围绕这个平衡点分析融资的可行性和权衡财务风险，并持续、动态地关注企业资产和负债的具体情况，防止过度融资可能导致的财务危机。

企业债务融资决策要考虑以下几个问题：

（1）依据投入资产的现金回款能力，如应收账款的可回收性、资产的变现能力和周期等来确定与其匹配的借款期限。若企业采用短借长用的方式，要考虑资金回收期内借入资金的持续性和稳定性，并制定出现无法继续借款时的替代方案。

（2）融资成本。根据企业自身条件可选择的融资品种，确定融资的综合成本。

（3）确定最佳资本结构，找到此结构下的负债比率，作为企业负债比率的上限，在此基础上综合考虑经营活动等因素，最终确定企业合适的债务融资规模。

企业危机

企业在发展过程中必然会面临一些困难和危机，没有哪一家企业的发展是一帆风顺的，危机是企业经营活动天然的组成部分。企业在长期的经营过程中面临的危机有很多种，概括地说，可分为两类：经营危机和财务危机。

一、经营危机

经营危机是指由于主客观原因，企业产生了一系列的经营管理问题，导致其经营活动严重受阻。经营危机主要包括：道德危机、市场危机、公关危机和灾害性危机。

（一）道德危机

道德危机是指企业的管理团队在管理工作中,不尊重客观事实,好大喜功,逃避应该承担的责任;管理团队追求自己利益最大化,在个人利益和企业利益相矛盾时,选择牺牲企业的利益等。

（二）市场危机

市场危机是指企业在面临复杂多变的市场竞争时未能及时调整已有的经营战略,导致企业经营陷入重大困境。市场危机形成的原因有:企业品牌影响力弱,产品竞争力不强;产品品种盲目多元化,主业不突出;产品研发没有针对客户的需求,导致产品过时;产品质量不过关,性能不稳定;产品成本居高不下,没有形成价格优势;由主、客观原因导致的决策失误,造成产品滞销;不合理赊销政策导致销售业绩上不去,或货款难以回笼等。

（三）公关危机

公关危机是指由企业内或社会上的特殊事件引发,在很短时间内波及社会,并对企业形象或品牌造成重大不利的影响的危机。

（四）灾害性危机

灾害性危机是指企业因遭受自然灾害、重大事故等突发灾害而引发的危机。灾害性危机给企业带来巨大的人、财、物方面的损失,使企业短期内无法被挽救,导致公众对企业的重建、恢复生产、保障供应等方面失去信心,严重动摇企业的市场地位。

二、财务危机

财务危机是指企业长期的现金流入小于现金流出,导致企业不能偿还到期债务面临被清算的危机。造成财务危机的根源可能是以下这些现象中的一种或几种的叠加：一是企业经营决策失误、追求过高的发展速度造成企业现金短缺；二是盲目的多元化经营，导致企业的财务资源不能有效地集中在优势产品和项目中，或造成资源浪费、无效产能，最终使企业负债率高企，资金短缺或周转不灵；三是宏观商业环境、赊销政策、产品服务滞销导致应收款回收不力；四是投、融资决策失误或其他突发事件致使企业的资金链条断裂。融资结构不合理、大量的短期债务被用于长期资产的投资、没有做好资金管理导致不能按时还款，使得金融机构或合作伙伴拒绝再向企业借款或大幅度降低企业的授信额度，最终导致资金链断裂。

三、财务杠杆与财务危机

利用一根杠杆和一个支点，就能用很小的力量撬动很重的物体。同理，财务杠杆是指企业在经营中适当举债，利用利率相对固定的债务资金，使股东用较少的自有资金的投入产生更多的收益，以提高股东投入资金的收益率，给企业带来额外收益的一种方式。

举债经营，利用杠杆效应可以为企业带来额外的收益，提高企业净资产收益率。因此，很多激进的老板会一味地追求杠杆收益，不断加大企业的债务融资力度。但随着负债比率的增加，企业的负债规模和财务风险也逐渐增大，债权人承担的风险也相应地增加。此时债权人会要求企业额外增加风险溢价，即提高利率来补偿其承担的额外风险，这直接导致企业利息费用的增加。伴随着负债规模的扩大和利率的上升,企业的风险和负担进一步加大,融资的能力进一步降低,融资规模的增长空间被压缩,靠借贷补充资金缺口将难以为继。

在存量经济时代,一些老板希望通过兼并等企业重组的方式扩大经营规模,但企业本身没有多余的资金,也没有金融机构的专业收购技能和资源,企业不惜使用利息较高的负债,或勉为其难地将自己有限的资金挪用到资产收购上,加剧了资金紧张。

引发企业财务危机的原因有很多种,概括为:企业承担了超过自身承受能力的债务规模。当企业的债务融资达到一定规模,只要出现到期不能偿还的情况,就会引发债权人的担忧,债权人不但不会再提供新的借款,反而会加紧催收现存的债务。债权人的这种行为被形象地比喻为"下雨收伞",这种情形将严重影响企业正常的生产经营活动,进一步削弱企业自身产生经营现金流的能力,甚至会迫使企业停止经营活动。此时,经营危机和财务危机相互影响、相互作用。一旦企业资金链断裂,财务危机就会爆发。

过度举债,投、融资决策失误,资金管理不善等任何一个因素都可能单独引发财务危机,财务危机完全有可能在企业正常经营或表面经营非常好的时候爆发。财务危机一旦爆发,就会不可避免地对企业的生产经营活动产生重大的影响。

一般来说,只要企业的现金流不出现问题,就不大会出现财务危机。但是如果企业长期亏损,经营活动产生的现金流终将出现问题,即使企业可以通过股权或债务融资来补充现金流,财务危机也只是一定程度的延后。企业避免财务危机的根本出路,还是要立足于经营活动产生足够的盈利和现金流入。也许有人会拿互联网等新兴行业的运营方式来对此提出疑问，认为这类行业从开始就在烧钱，多年处于亏损状态，不是也活得好好的吗？这类企业之所以没有出现财务危机，是因为有资本方看好其未来，并持续不断地注入大量的资金。这只是一种在一段时期内的竞争策略，这些企业通过大量的现金投入、免费或低价的产品，或给客户送钱圈流量来占领市场，以赢得竞争，待其占据一定的市场份额后，再通过垄断利润提升企业的估值，回报股东的投资。这种模式存在的前提条件是：行业是新兴的，企业想象的成长空间足够大，使资本持续看好其未来。

企业危机在一定程度上是可控的、可化解的，这与老板是否具有危机意识密不可分。比尔·盖茨曾说："微软永远离破产只有18个月。"张瑞敏也曾提到，海尔时时刻刻都处于"战战兢兢、如履薄冰"的状态。如果企业领导人有如此强烈的危机意识，就会让企业高层管理者保持高度的警惕状态，随时做好应对危机的准备，企业危机爆发的概率会大幅降低。企业经营中，如果老板高度重视现金流入，尤其是经营活动产生的现金流入；在企业扩张时，制定的资金方案总留有余地，企业财务危机的发生就会得到一定程度的防范。财务危机的发生常常是在企业高层对危机抱有侥幸心理或视而不见的情况下发生的。

四、企业案例

下面我们通过两则故事来具体了解财务危机产生的原因及其

过程。

(一)韩国大宇的陨落

20世纪90年代,韩国大宇集团在国家政策和银行信贷的支持下,走上了"举债经营"之路。大宇集团试图通过大规模举债,达到大规模扩张,最终实现集团"市场占有率至上"的经营目标。

1997年亚洲金融危机爆发后,大宇集团已经出现经营上的困难,集团的销售额和利润均达不到预期的目标。当时大宇集团的管理层认为,只要提高开工率、增加销售额和出口就能躲过这场金融危机。于是,大宇集团继续大量发行债券,进行"借贷式经营"。由于自身的经营不善,加上资金周转极度困难,大宇集团陷入了严重的财务危机。

大宇集团举债经营所产生的财务杠杆效应,不仅没有提高企业的盈利能力,反而因巨大的偿付压力使企业陷入难以自拔的财务危机。如果大宇集团没有选择大量发行债券进行"借贷式经营",而是像韩国其他四大集团一样,在系统性的金融危机来临时,进行一些自律性的内部整合,比如重点改善财务结构、努力减轻债务负担、与金融机构早日开展债务重组等,大宇集团可能至今仍是韩国的五大实力集团之一。

(二)中国"巨人"的起伏

从白手起家到入选"中国十大改革风云人物",史玉柱仅用了三年时间。1992年,国内一家知名媒体在北上广等大城市,对几万名年轻人做了一次关于"你最崇拜的青年人物"的问卷调查,统计结果:第一名,比尔·盖茨;第二名,史玉柱。

1982年，史玉柱以全县第一名的成绩考入浙江大学数学系，然后又到深圳大学攻读研究生。毕业后，他被分配到自己家乡安徽省，成为省统计局的一名公务员。野心勃勃的史玉柱在政府部门只干了几个月，便毅然辞职，专注编写计算机程序。史玉柱发现，电脑的设计、生产都在国外，电脑系统的汉化做得很不到位，系统的汉字处理很困难。当时，买一台电脑，需花费一万多元，由于无法处理汉字，还得再花费两万多元买一台专用的汉字打字机。于是，他打算编写一套软件程序，使电脑直接用于处理汉字。怀着这个的想法，史玉柱开始开发计算机程序。九个月以后，一套汉字处理系统——汉卡M－6401诞生了。

1990年夏天，史玉柱带着这套软件系统和借来的4 000元，回到深圳，开始创业。史玉柱在《计算机世界》杂志发布广告，短短两个月，就净赚得10多万元，这在当时是一笔巨款。史玉柱把这笔巨款再次投入到广告中，短短几个月后，他从一个程序员，变成了百万富翁。史玉柱再接再厉，开发出了第二代汉卡——M－6402。史玉柱把公司从深圳迁到珠海，成立了巨人集团。

为了尽快建立销售网络，史玉柱对外发布消息：全国各地的经销商，只要订购10块巨人汉卡，就可以免费来珠海参加巨人集团举办的经销商大会。有人劝他说门槛定得太低，因为举办一场全国经销商大会的开支可不是一个小数目。可史玉柱表示，宁可自掏腰包也要举办这次经销商大会。

史玉柱又一次取得了成功。1991年，全国各地的经销商热热闹闹地聚集在珠海参会，巨人汉卡的销量跃至全国同类产品榜首，而且还不断以几何级数增长。巨人集团还接连开发出传真卡、财务软件、防病毒卡、中文手写电脑、中文笔记本电脑等一系列产品。

1."中国第一高楼"的随意性

1992年,刚刚创立一年的巨人集团可以说是顺风顺水。春风得意的史玉柱决定建造巨人大厦,将其作为集团总部的写字楼。对于巨人集团来说,要满足办公的需求,15层就足够了。可在内部研讨的时候,有人提出不如取个吉利的数,18层。有人则反对说,18层听起来像地狱。最后楼层高度被定为38层。

盖一座38层的大厦,在当时大概需要2亿元资金,工期为两年左右。这对巨人集团来说尚在可承受范围之内。但在接下来的时间里,大楼的高度一再被加码。

1992年下半年,某领导视察巨人集团,到了施工现场后,称赞大楼的选址很好,他认为大楼供自己使用太可惜,不如索性盖得高一点,把它做成一个地产开发项目。这让史玉柱改变了主意,决定把38层的设计高度改成了54层。

有消息说,广州要盖全国最高的楼,大楼高度为63层。史玉柱认为,自从巨人集团成立以来,珠海市政府一直给予大力扶持,饮水思源,要知恩图报,这次要为珠海争光。于是,史玉柱又把巨人大厦的设计高度从54层改为64层。接着又传来消息说,第二年某领导要莅临视察,史玉柱一拍脑袋,又往上加了6层,把巨人大厦的建筑高度改为70层。大厦高度变成70层,工期需要6年,需要的资金量增加了5倍,达到12亿元。但史玉柱不愿意从银行贷款,他认为如果贷了款,欠了银行的债,就得依赖银行。于是他听从了智囊团的建议:卖楼花。在盖楼之前,先预售一部分,收到一笔钱。一边盖楼、一边卖楼,可以缓解资金压力,史玉柱因此圈到一个多亿元的资金。

2. 不期而遇的剧变与疯狂的转型

1993年,中国经济出现发展过热的苗头,基本上只要是房子都能卖出去。1994年,巨人大厦开始卖楼花的时候,国家已经开始实施宏观调控。

谁也没有想到的是,楼花才刚刚卖完,巨人集团的命运就发生了剧变。1993年,西方国家向中国出口计算机的禁令被解除,大量国外品牌的电脑涌向中国市场。以北京中关村为代表的中国本土电脑市场一片风声鹤唳,巨人集团也受到冲击。而这座曾经被寄予厚望,想要冲击中国第一高楼的巨人大厦,成了烂尾楼。

20世纪90年代初,中国的计算机行业才刚刚起步,但像康柏、惠普、IBM等一批批国外的竞争对手却已经发展了很多年,双方论技术和财力,那是天壤之别。

虽然巨人集团销售额已达到几亿元,但毕竟成立没几年,其主打产品还是汉卡和桌面印刷系统,市场基础不牢固、品牌竞争力不强、技术也不够领先。

史玉柱的目标是让巨人集团成为中国的IBM,扛起发展民族工业的大旗。可是,当IBM进入中国后,巨人集团无法与之正面交锋,只能转移阵地。

1994年8月,史玉柱在集团全体员工大会上提出,巨人集团要进行"二次创业",发展新产业,走多元化经营的道路。史玉柱选择了进军保健品行业,其主要有两个方面的原因:一是保健品市场足够大,二是利润丰厚。1994 年,全国保健品市场的销售总收入达到 300 多亿元,而且没有国际品牌参与竞争。当时史玉柱宣布,要在保健品和药品行业投入 5 亿元,在一年内推出上百个新产品。

史玉柱希望用新业务的扩张来重新激发公司的创业激情,利用现有的品牌快速获取大量的利润,以缓解电脑业务遇到的发展困境。但在实际运作时,新业务和老业务之间并没有做到财产和法律上的风险隔离,结果是:若其中一块业务出了问题,整个集团的发展都会受到牵连。

3. 财务危机全面爆发

确定要进军保健品市场后,巨人集团很快推出了第一款儿童保健品"脑黄金"。深入人心的广告语"让一亿人先聪明起来",让脑黄金的销售额很快达到了几亿元。

脑黄金的成功试水使史玉柱豪赌的天性又一次暴露无遗。他亲自挂帅,策划了所谓的"三大战役"。整个集团仿效军队的建制,设立总指挥部,建立八大方面军,各级总经理的头衔也改为"方面军司令员""军长"或者"师长"。

1995 年 5 月,史玉柱一声令下,巨人集团一口气推出了十多款软件、10 种药品和 12 种保健品。与此同时,巨人集团投放广告费 1 亿元,在全国上百家主要报纸整版刊登巨人集团的广告和新闻,并往各地市场派出几千名营销人员,让巨人集团的产品在最短的时间里出现在全国 50 万家商场的柜台上。

一番"闪电战"后,各地分公司纷纷向总部要求供货,短短 15

天,订货金额就突破了15亿元。但过了两个月,集团没收到回款。史玉柱发现,之前的订货量并不是真正的市场销售量,实际上产品并没到消费者手中,于是集团不得不停业整顿。

但一切都太晚了。在快速投放新产品之前,巨人集团的财务状况还不错。但现在除了1亿元的巨额广告费外,集团还得给两三千名员工发工资,导致资金严重吃紧。

一方面市场推广受阻,利润下滑;另一方面,巨人大厦还得继续施工。在巨人的楼花买卖协议中有约定,大厦到1996年年底要完成一期工程,也就是说要完工前20层的施工,否则巨人集团不但要退还买楼的定金,还需给予一定的经济补偿。为了避免楼花违约,史玉柱不得不从保健品业务板块抽调资金,填补建造大厦的资金短缺。原本保健品业务的资金就遇到困难,结果只能是拆了东墙补西墙,最终两头都不能很好地兼顾。

1996年9月,巨人大厦终于完成了地下部分的工程施工,可就在这时,巨人集团的财务危机已经全面爆发了。

4. 巨人集团破产

由于资金问题,大厦的建造已处于停工状态。随着三年期限的临近,买楼花的业主便来闹事。

屋漏偏逢连夜雨,巨人集团先前的广告营销,因诋毁竞争对手的产品含有激素、损害儿童健康,结果被告上了法庭,不仅需要赔款,还被要求在新闻媒体上公开道歉。巨人集团在公众心目中的形象一落千丈。集团骨干员工一批接着一批离职,经销商也开始赖账不还;在各分公司,经理、员工侵吞公司财产的现象比比皆是,巨人集团陷入一片混乱之中。史玉柱想通过银行贷款、地方政府救助等方式挽救危机,但在四面楚歌的背景下均没有形成任何可行的方案。巨人集团又提出了企业重整计划,打算转让巨人大厦80%的股权,但没有人接手。

巨人集团没能度过这次危机,最终轰然倒塌。史玉柱的"巨人"由辉煌到崩塌,让人唏嘘不已。无论是刚刚起步的创业者还是已经取得阶段性成功的老板都值得从中获得启发和警示。

企业的危机通常在企业管理者信心爆棚、形势一片大好时悄然来临,这时老板往往对危机视而不见,企业良好的发展势头让老板产生了"无所不能"的幻觉。殊不知一旦有突发事件就会引发连锁反应,形势往往就会急转直下。事实上,企业快速发展的时候,也往往是企业管理漏洞百出的时候,危机就像一个躲在阴暗角落的魔鬼,会突然到来。

史玉柱在开局良好的创业游戏中没能锁定战果,重要的原因之一是缺少财务危机意识,没有及早制定危机应对方案,当危机来临时,无以应对,这也是大多数民营企业老板的通病。

巨人集团为了化解财务危机,通过快速的业绩提升来弥补资金短缺的做法是一种冒险行为,因为业绩的快速提升本身就会占用大量的资金,想用这种方式为与经营无关的项目输血无疑是雪上加霜。因此,当企业面临经营危机和财务危机时,需要高度警觉,周密计划和应对,防止因双重危机产生的共振,对企业产生致命的后果。在两种危机叠加的情况下,要挽救危机,如果没有强大的外援,仅靠企业自身的力量是极其困难的。

危机管理

既然危机是企业发展中的一部分，具有普遍性，那么如何建立一个有效的危机管理体系，才能成功地预防和化解危机呢？

企业的经营危机具有突发性、多样性、严重性，预测和化解的手段因各企业自身情形的不同有很大差异。相较于经营危机，财务危机的可预测性要高得多，化解手段也有一定的规律可循。因此，企业可以通过建立预警体系尽早发现和预防危机。

一、财务危机预警

危机分为潜伏、发作、恶化三个阶段。企业可以建立相应的管理机制来预测和预防财务危机，并指定专业的部门来负责，这一工作机制称为危机预警体系。

财务危机受多种因素的影响和作用，如企业的市场状况、产品的升级换代速度、相关企业的供货和资金偿付能力、竞争对手的价格政策变动、金融市场的波动、利率和外汇市场的变化、银行信用和利率政策的改变等。这些因素会对企业的财务状况、筹资能力、资金调度能力和偿债能力产生较大的影响。

在危机潜伏期，为了及时准确地识别和警惕这些影响因素，专业部门要全面收集和分析这些信息和数据；分清主要和次要的影响因素，要持续、密切地关注主要因素，预测主要因素的影响；制定预备方案,为管理层提供决策建议。

因为财务危机和经营危机可能相互影响、相互叠加,所以专业部门收集数据时除了选择财务指标外,还应选择能反映企业经营特征的非财务指标,只有全面分析企业经营和财务状况,才能准确地判断企业是否有潜在的财务危机,为决策提供必要的判断依据和初步的结论。

老板要重视这些数据,认真、客观地对待初步的结论,并组织人员进一步分析判断,及时制定对策。老板不可抱有侥幸心理,或自认为有其他重大事情要处理而本能地排斥这些信息,甚至武断地否认危机的存在。危机之所以不断恶化,大多数情况是由于老板早期轻视问题。危机的潜伏期是制止危机爆发的黄金时期,越早识别和应对危机,企业将来就越主动;越早行动,危机的防范越有效。

二、挽救危机

如果企业缺少预警机制,或由于危机的隐蔽性、突发性,导致企业不幸错过了在危机潜伏期或发生早期采取行动,企业管理层就要当机立断,保持冷静和理智,尽快协调和调动内外部各种力量和资源。必要时,企业需要断臂疗伤,通过压缩非主营的业务,削减一切不必要的开支,保证主业的正常运转。同时,企业要积极和债权人协商,征得债权人的谅解,争取达成债务重组,从而改善企业生产经营活动,恢复企业的造血功能。

日本航空曾经是亚洲最大的航空公司,也是全球第三大航空公司,但2010年1月,企业遭遇重大危机,申请了破产保护。为挽救日本航空,当时的日本政府邀请年事已高、已退休的稻盛和夫再度出山。稻盛和夫经过再三权衡,接受了这一邀请,执掌陷于危机中的日本航空。

2011年3月底,日本航空创造了1 884亿日元的利润,打破了其历史纪录。经过424天的努力,稻盛和夫使前一年亏损1 800亿日元的航空公司扭亏为盈,创造了业界的神话。

稻盛和夫如何做到的呢?他从以下几方面入手改善日本航空的经营:

(一)改善精神面貌

重塑日本航空员工的信心:组织员工学习,倡导"敬天爱人"的思想。利用各种机会向员工宣讲他的哲学精神,让员工树立热爱工作和生活的态度。结合公司的实际状况,他要求大家在工作中投入热情,倡导员工要为客户着想,而不仅仅是遵照公司的工作守则开展工作。

(二)改进经营方法

第一,裁员,更换主管;对资产进行瘦身,出售非核心业务,关闭亏损航线,根据市场需求卖掉部分不赚钱的飞机。

第二,引入阿米巴经营模式,将日航的各个部门划分为一个个更精细的小集体,再对这些小集体进行独立核算和管理。

第三,从细微处着手,减少油耗、延长易耗品使用周期、降低维修成本、提高送餐和送水效率、满足客户需求、提升准点率等。

第四,改进公司制度,包括:财务、人事、预算制度等。

（三）债务重组，依靠外援

取得盛和塾的帮助；与金融机构达成谅解，重组债务；赢得政府的大力支持等。

正是由于稻盛和夫的全力以赴、放手一搏，挽救了日本航空的重大危机，创造了企业"起死回生"的奇迹。

除了对企业财产和市场销售造成的重大影响外，危机最可怕之处是它摧毁了企业员工的信心，动摇了企业内部员工和社会群体对企业的信念。面对危机，坚忍不拔是企业家重要的精神，老板坚定的意志和信念对稳定局面、稳定人心起着关键的作用。如何才能让企业员工抱有坚定的信念，让社会公众消除心中的顾虑，增强他们对企业恢复经营的信心，这是一项老板不可忽视的重要工作，也是企业危机公关的重要使命。稻盛和夫挽救日本航空危机的故事给企业领导者提供了可以借鉴的经验和启示。

企业重整

企业重整是指对已经破产或具有破产征兆但还有再生希望的债务人企业实施的，旨在拯救其生存的积极程序。如果因危机的爆发使企业无力清偿到期债务而面临破产，企业应争取和债权人达成和解，进入重整程序，避免直接清算企业，这样可以保持企业资产价值的最大化，将各方的损失减到最低。由债务人或债权人向人民法院提出重整申请，在法院主持下由债务人与债权人达成协议,制定重整计划。债务人可以继续经营其业务,在一定期限内,债务人按一定方式全部或部分清偿债务。

对于债权人来说,企业重整可以避免因清算而造成清偿率过低,使其有机会获得更大的收益;债务人可以避免清算,获得债务重组的机会,继续进行生产经营活动,从而保护股东、员工、上下游企业的利益。

一、企业重整的步骤和程序

企业重整包括以下几个步骤:

(1)债权人或债务人直接向法院提出重整申请,启动重整程序。

(2)法院审查重整申请,认为符合法律规定的,裁定债务人重整,并予以公告。

(3)法院指定管理人。

(4)法院通知已知的债权人,并公告通知未知的债权人,确定第一次债权人会议召开的时间和地点。

(5)债权人向管理人申报债权;管理人收到债权申报材料后应当登记造册并对申报的债权进行审查,编制债权表并提交第一次债权人会议核查。

(6)债权申报期满之日起,在规定时间内召开第一次债权人会议。

(7)进入重整期后,经债务人申请法院批准,债务人在管理人的监督下自行管理财产和经营事物,管理人向债务人移交财产和经营事物。

(8)制定和执行重整计划。

法院裁定债务人重整的,债务人或者管理人应当在规定期限内提交重整计划草案,经表决组通过后,由债务人负责执行。重整计划草案未获得通过且未依照相关规定获得批准,或者已通过的重整计划未获得批准的,人民法院将终止重整程序,并宣告债务人破产。

二、企业重整的手段和方法

企业重整是债务重组的一种手段,债务重组是破产重整的重要内容。企业重整的主要方式包括:以资产清偿债务;将债务转为资本;修改其他债务条件,如减少本金、利息等,以及以上三种方式的组合。

企业重整是一个多方参与的复杂博弈,取得成功不容易。成功的关键要素有三个方面:一是破产企业本身要有重组价值,二是要有专业而高效的法院裁量,三是要有勤勉尽责、精通业务的破产管理人。破产重整程序启动后,为使债务人尽快走出困境,要保护和帮助企业继续营业以提高其生存能力尤其是再融资能力。只有企业获得再融资,企业的资金链才能运转顺畅,重整计划才能有效执行。

实践中,企业重整的具体方法如下:

(一)债转股

债转股即普通债权人以其债权与债务人的原始股东的股权权

益置换，债务人的原始股东将其股权无偿（或者低价）转给选择债转股的债权人。通过债转股，企业可以立即减轻利息支出的压力，将庞大的债务负担转变成公司发展的股权资本，降低资产负债率，为实现再融资创造条件。当然，债转股的关键前提是债权人认可公司存在的价值，通过债转股的方式实现企业的再生。债权人认可公司价值的前提是，在可预见的未来，转股价值的预期收益有较大可能高于清算收益。

（二）引进战略投资者

引进战略投资者即由战略投资者对债务人进行投资并按照重整计划清偿债务。新的投资者通过注资偿债来接管企业，原投资者的股权则被大幅稀释，或被低价或无偿转让。这一方法一般适用于业务相对简单、信息相对透明、股权债权关系相对清晰的企业。该模式的优点是，企业通过战略投资者的现金注入偿还债务，极大缩短了重整计划的执行期。

多种类型的投资者可能投资、兼并或者收购本企业，如企业现有的供货商或客户、私有投资企业、同行中的竞争对手；企业也可以进入公开市场，如产权交易中心等，寻求潜在的投资者。

（三）资产重组

资产重组即剥离出售盈利前景差、竞争力弱的业务或资产，保留盈利前景好、竞争力强的业务或资产。很多企业破产的原因是战略定位出现偏差，行业扩张过快，或进入了看似前景不错、但需要大量投入而自身并不具备条件的领域。该类企业须在重整程序中通过出售资产、股权等方式剥离高投入、低产出乃至亏损的业务,从而获取资金用于发展前景好的业务。

因产能过剩、库存高企或杠杆过高而陷入困境的企业,可以因地制宜地采用上述一种或多种方法的组合。比如因行业周期因素而引发的产能过剩的企业,可在争取银行减免债务并展期的同时,考虑采用债转股的方式重整,在减轻企业的债务负担的同时去杠杆,从而为重组整合赢得时间。而一些需要淘汰落后产能、但又有较好资源的企业,可以通过剥离落后产能、引入战略投资者,进行腾笼换鸟式的重整。

企业剥离落后产能,出售竞争力弱的业务、盈利能力差的资产或转让与企业主业无关的股权投资时,要回答以下基本问题:计划出售的资产与主业的关系是什么?对企业进一步的整合有什么不良影响?可能的购买者是谁?计划出售资产的价值如何?对潜在的购买者价值是什么?等等。

如果企业所要出售的是一个独立的业务部门,则需要制作一份全面的投资人招募书,向潜在的投资者发布必要的信息。投资者需要了解如客户基础、产品系列、与卖家的关系、开放式订单、生产工艺等信息。投资者依据这些信息,精确评估企业及其未来发展前景,有助于缩短决策时间。

在资产出售方案中,估价也是重要的一环。尽管潜在的投资者一定会依据对标企业的业务板块、资产或拟转让的股权做出自己的估价,但企业也应进行自我估价。由于与正常经营的情况不同,企业对相关资产的估价结果可能与平时大相径庭,因此企业要做好充分的准备,就出售资产的价格与投资人谈判。

附录

股权激励操作实务

附录一　股权激励方案设计要点

一、确定激励对象的范围

(1)决策层:主要是董事会成员。

(2)高级管理人员:主要是企业的管理团队成员,包括总经理、副总经理或总监、董事会秘书等。

(3)中层管理者:在企业经营中起承上启下作用的中层干部,是企业的中坚力量,包括各部门经理、子公司总经理等。

(4)核心骨干:处在企业非管理岗位但无可替代的员工,如技术骨干、研发人才、营销人才、法律人才、财务人才、公关人才等。

二、选择激励对象的标准

(1)岗位价值。依据工作岗位对企业的未来影响确定其重要性和价值,如果企业所处的发展阶段或企业的战略已发生重大变化,该工作岗位对新战略已经变得不重要了,或者没有重大价值,就需要对其进行动态调整。

(2)忠诚度。忠诚度从两个层面考量:一是为企业尽心尽力工作,在企业工作时间相对较长;二是遵守企业职业道德,认同企业的价值观和文化。

三、选择股权激励的持股模式

股权激励的持股模式有两种：直接持股模式、间接持股模式。

直接持股模式是将激励对象作为企业的自然人股东，企业的股权直接登记在激励对象的名下。它对各方的影响：对激励对象来说，心理上感到更加满足，能独立行使股东权利；对控股股东或实际控制人的影响是削弱了对企业的控制权；对企业未来的影响是股权结构缺乏弹性，调整起来不方便，员工离职后收回股权需要变更登记，痕迹较明显。

间接持股模式是指激励对象不直接持有企业股权，而是通过持股平台持有股权。它对各方的影响：激励对象作为持股平台的有限合伙人，不参与企业管理，这有利于对企业股权的动态管理和表决权的控制；企业股权结构有较大的弹性，股权调整仅需在有限合伙人内部变更，股权变化不需要变更登记，对外没有痕迹；对激励对象来说，心理上缺少满足感。如果计划预留股票（股份）池，股权可以由实际控制人代持。

四、确定股权激励的种类

针对企业的特点和实际情况，从股票期权、限制性股票等激励种类中，选取与公司最匹配、最具可行性的激励方式。

五、确定股权激励的数量

针对不同性质的公司，股权激励的总量有不同的限制。

《上市公司股权激励管理办法》第十四条规定：上市公司全部在有效期内的股权激励计划所涉及标的的股票总数，累计不得超过公司股本总额的10%；非经股东大会特别决议批准，任何一名激励对象通过全部在有效期内的股权激励计划获授的本公司股票，累计不超过公司股本总额的1%。

《国有科技型企业股权和分红激励暂行办法》第十条规定：大型企业的股权激励总额不超过企业总股本的5%；中型企业的股权激励总额不超过企业总股本的10%；小、微型企业的股权激励总额不超过企业总股本的30%，且单个激励对象获得的激励股权不得超过企业总股本的3%。

民营企业可以参考这些规定，结合企业自身的规模与可比公司的水平、企业发展所处的阶段综合分析确定股权激励的额度。

分配依据：根据原股东个人的意见和管理层的修正意见确定数量；或根据岗位的权重或比例系数确定数量。

六、确定股权的价格

根据激励对象是否支付股价，股权激励分为无偿授予和有偿授予两种。

无偿授予是指企业股东将股权无偿赠与激励对象的行为。这种赠与一般附有条件，如果达不到条件可能会终止该行为。

有偿授予是指企业股东按照一定的价格将股权转让给激励对象，价格通常以注册资本原价、评估后的每股净资产、最近融资的市场价格或股票市价为基准商定。

七、确定时间

激励方案实施的时间节点安排包括：授权日、有效期、禁售期、解锁期等。

八、确定股份来源

股份的来源有三种：一是原股东存量股权的转让；二是通过增资增加新的份额，原股东的股份相应地被稀释；三是企业从原股东处回购用于股权激励的股份。

九、确定激励对象的资金来源

企业确定激励对象受让激励股权的资金来源。在激励对象有支付困难时，原股东或企业应考虑用何种方式帮助其解决资金来源。

十、约束条件

双方约定以何种业绩指标或工作节点作为股权激励的约束条件，若完成则授予一定数量的股权。同时，约定服务期限和法律约束条件，如从事同业竞争、窃取公司商业机密、窃取公司技术机密、对公司财产造成重大损失等行为的法律后果。

十一、制定退出机制

退出机制分正常退出和非正常退出两种情况进行约定。正常退出包括上市后解禁退出，企业被并购后退出，或者在企业进行股权融资时转让给外部投资者等退出途径。非正常退出包括由于退休、离职、失能、调离岗位、死亡或因违反约定而触发了回购条款等情况下的退出。

附录二　股权激励过渡方案（简化版）

一、股权激励条件

如果公司当年度净利润增长超过＊%，公司将净利润增量的部分，提取＊%的企业发展基金（含法定公积金和任意公积金）后作为分配来源，划入公司独立的分红基金账户。

二、激励方式

依据激励开始实施年度的公司净资产份额的＊%设置 N 股虚拟股份，其中保留＊%为预留股份。

三、股份价格

股权激励采用无偿赠予。

四、股份种类

股份种类包括：业绩股、岗位股。

五、业绩股激励对象

业绩激励对象包括：销售总监、市场销售部全体员工；与销售相关的其他部门员工,由销售部门推荐,由总经理办公会议商定。

六、岗位股激励对象

岗位股激励对象包括:总经理、厂长、财务总监、人力资源总监、非销售相关的部门经理、核心骨干等。

七、股票分配数量

根据公司《股权激励股票分配办法细则》确定股票分配数量。

八、激励对象的股票分红

分红金额＝基金分红账户当年余额÷虚拟股票总数量×激励对象持股数量。发放时间为次年×月×日前,发放金额为当年应分得红利的100%。

九、股份享有的权利和受到的限制

所有授予股份均享有分红权,不享有公司表决权及净资产或公司估值增值权。该股份不得转让和出售,被收回后即自动丧失一切权利。

十、股份授予有效期

股份授予有效期为两年,可视公司发展情况予以延长。

附录三　股权激励升级方案

1. 目的

为了提高员工凝聚力与忠诚度,调动员工的积极性和创造性,促进经营团队行为的长期化,推动经营绩效的持续化提升,推动企业发展战略的实现,完善公司治理结构,让员工共同分享公司的经营成果,经过广泛征求员工的意见,公司一致同意推行本股权激励方案。

2. 股权激励的股份来源

公司实际控制人转让自有股权的 $A\%$ 用作股权激励的来源,其中,预留 $*\%$ 股权作为未来引进人才的股权激励储备。

3. 监事会监督

监事会有权查验公司财务收支情况,确保激励对象知晓公司财务状况。股权激励计划实施后,监事会每半年公布一次公司的财务状况。

4. 激励对象、配置股份数量及价格

4.1　总经理:如果未来 2 年公司净利润年平均增长率达到 $X\%$ 及以上,或公司 IPO 通过证监会等部门审核,则授予总经理 $B\%$ 的限制性股份,锁定期为 3 年。

4.2 销售总监:如果未来2年销售额平均每年增长 $X\%$ 及以上,则授予销售总监 $C\%$ 的限制性股份,锁定期为3年。

4.3 财务总监、厂长、人力资源总监:如果未来2年公司净利润年平均增长率达到 $X\%$ 及以上,或公司IPO通过证监会等部门审核,则每人被授予 $D\%$ 的限制性股份,锁定期为3年。

4.4 在锁定期内,4.1、4.2、4.3中的激励对象均享有与公司普通股同等的分红权。针对4.1、4.3中的股份,若在锁定期内公司上市,公司将提前解除锁定期,将限制性股份转为普通股。

4.5 凡与公司已签订正式劳动合同,工作满24个月,连续两年通过年度考核的部门经理以及业务、技术骨干,可受让总量不超过 $F\%$ (含)的股份,各岗位具体的股份数量参照公司虚拟持股计划中相应各岗位股票数量进行适当调整确定。

4.6 股票价格按公司引进投资人入股价格的 $*\%$ 计算。

5. 股份取得的方式及股份的管理

5.1 针对4.1、4.2、4.3中的激励对象,股权转让款以现金方式分两次支付,在股权授予时首期支付 $*\%$,解锁前付清另外 $*\%$ 的股份款项。

5.2 针对4.5中的激励对象,股权转让款以现金方式分两次支付,在股权授予时首期支付 $*\%$,2年后付清另外 $*\%$ 股份款项。授予激励对象的股份将通过成立有限合伙企业(持股平台)来统一持有,并受合伙协议约束。

5.3 战略投资者增资入股时,原股东与激励对象所持有的股份一同稀释。

6. 实施日期

本方案自某年某月某日起施行。

7. 年度分红的计算和股份的最终转让

自实施之日起，激励对象所享有的股份分红金额是该年度所实现的净利润中超过以前年度的部分，除扣除＊％作为企业发展留存外，按激励对象的股份数量占股票池中数量的百分比分红。

7.1 激励对象在取得股份的两年内按下述办法兑现权益金额。

7.1.1 激励对象在激励岗位上服务第 1 年，其年终股份分红金额兑现当年的 60％，另外 40％记入激励对象权益金额个人账户，未兑现的权益按每年＊％计算利息记入个人账户。

7.1.2 激励对象在公司激励岗位服务第 2 年，其年终股份分红金额兑现当年的 80％，另外 20％记入激励对象权益账户，未兑现的权益按每年＊％计算利息记入个人账户。

7.2 激励对象在取得股份满两年后按下述办法兑现权益金额。

7.2.1 当年的权益金额 100％兑现。

7.2.2 从第 3 年起，前两年服务期间内的个人账户历年累积的激励权益金额分 2 年兑现，每年兑现＊％，未兑现的权益每年按＊％计算利息记入个人账户。

7.3 针对 4.5 中的激励对象，在激励岗位上工作满 2 年，全部付清股份转让款项后，期股转化为普通股，激励对象拥有正常的股权，可以享有与原股东同等的权利，经公司有限合伙人管理委员会同意后，可进行股权转让、出售、继承等。

8. 特别情况

8.1 当激励对象职务发生变更时，公司按相应的职务岗位调整激励股份数量，已记入个人账户的权益金额不变。

8.2 若激励对象不能胜任岗位要求，经本人要求或公司调整至非激励岗位，按下列办法兑现股权激励权益。

8.2.1 在激励岗位工作不满1年的，取消其激励股份，不享有激励股份的年终分红。

8.2.2 在激励岗位工作满1年不满两年的，取消其激励股份，累积的个人股份分红金额按80%一次性兑现。

8.2.3 在激励岗位工作满2年的，只要激励对象还在公司工作，股权激励权益就为激励对象所有。

8.3 员工离开公司时，按下述办法兑现股权激励分红额。

8.3.1 在激励岗位工作不满1年的，取消其激励股份，不享有激励股份的年终分红。

8.3.2 在激励岗位工作满1年不满2年的，取消其激励股份，累积的个人权益金额按＊%一次性兑现。

8.3.3 在激励岗位工作满2年的，按7.2中每年兑现股份分红，其持有的股份由原股东按购买价格加计每年＊%的利息回购。

9. 股份分红的日期

次年×月×日前一次性兑现上一年度的分红。

10. 公司的权利

10.1 公司有权要求激励对象按其所聘岗位的职责要求做好工

作,若激励对象不能胜任岗位要求,经总经理办公会议讨论通过,可以调整激励对象的岗位,股权激励权益按上述有关规定处理。

10.2 若激励对象因触犯法律、违反职业道德、泄露公司机密、失职或渎职等行为严重损害公司利益或声誉,公司可以取消激励对象尚未实现的股权激励权益,并保留向激励对象要求赔偿损失的权利。

11. 激励对象的权利和义务

11.1 激励对象自本方案实施之日起,享受本方案规定的股权激励权益。

11.2 激励对象应勤勉尽责、恪守职业道德,为公司的发展做贡献。

11.3 激励对象因本方案获得的收益,应按国家税法规定缴纳相关税费。

12. 方案的调整与生效

根据具体情况,公司每年对本方案调整一次,调整后的方案经过董事会、监事会讨论通过实施。

附录四　两种方案的简要点评

一、过渡性方案的优缺点

（一）优点

1. 该方案简单易操作，授予的股份只在公司内部记账登记，不需办理工商登记或变更等外部手续。

2. 老板与团队分享增量利润，激励成本相对较小；员工不需要出资，双方容易达成一致。

3. 通过两年过渡方案的实施，老板、员工积累了对股权激励直接的经验和对股权激励的认识，为进一步的股权激励奠定基础。

4. 现金分红比例高，激励对象对经营成果的共同分享有了切实的感受，老板对公司利润的分享有了一个心理上的适应期。

5. 该方案对各岗位激励股份的种类和数量的配置进行了摸底和测试，公平性得到了初步的验证，为进一步实施股权激励计划提供了便利条件。

（二）缺点

1. 激励对象没有分享到公司的价值成长，即没有享受公司股权增值的利益。

2. 这种方案达到激励预期的前提是,公司盈利持续按一定比例增长。如果没有这个前提,激励方案对激励对象来说就缺乏吸引力,激励效果不明显。

3. 该方案没有绑定激励对象与企业共担风险。

4. 现金分红比例高,减少了公司的运营资金,增加了公司的资金压力,尤其是对现金缺乏的公司来说,业务扩张速度会受到一定的影响。

二、升级方案的优缺点

(一)优点

1. 该方案选择限制性股票的方式,把管理层与提升公司业绩、IPO成功过会等公司重大关切的事件联系起来,做到管理层、责任、权利、利益与公司发展深度捆绑,实现利益共享。

2. 通过较低股价,激励对象可以分享公司的价值成长,引导管理层将短期利益和长远利益相结合,将提升管理效率与股东的利益协调一致,使管理层和老板同心协力。

3. 该方案通过分期出资,分红给激励对象融资,减轻了激励对象的出资压力。

4. 该方案通过对分红支付比例的限制,为激励对象设置一个相对合理的服务期限。

5. 各年度分红与公司利润增长密切相关,对提升公司短期的业绩会产生积极的作用,兼顾了公司当前的盈利,使长短期利益达到平衡。

6. 期股属于高风险高收益的投资，提升了公司与中层、核心骨干的黏合度。

7. 遵循重点对象重点激励的原则，个体股权激励数量分配呈现梯度化、差异化的特点，突出了激励力度的对比。

8. 该方案兼顾股权激励的动态调整，保持了股权激励方案的弹性。

9. 老板通过转让自己的股份收回一部分现金，可满足个人必要的消费需求，平衡了个人或家庭生活品质与企业资金积累之间的关系，有助于全神贯注地把精力集中在企业未来的发展上。

（二）缺点

转让存量股，使老板的持股比例下降幅度较大，对以后引进投资人或进一步开放股权具有一定的限制作用。

后记

沉浮与归属

杭州,金桂飘香。西湖,秋色正浓。

泛舟西湖,我眼前浮现范蠡和西施双双出入风波里的幻境。范蠡是成功人士的象征,千金散尽,驾一叶扁舟与西施泛舟五湖,遨游于七十二峰之间的美好传说也是人们对功成名就归属的渴望和最佳诠释。

经过多年的努力,王老板的公司成功上市,他成了有名的企业家,跻身于当地富豪行列。

十多年前的秋天,我们曾一起泛舟西湖,那时的王老板尽管没有现在的江湖地位和身价,却显得轻松洒脱。而面对此时的西湖美景,今日的王老板脸上却看不出一丝轻松,反而心事重重,充满焦虑,有一种莫名的惆怅。

作为多年的好友,我能看出几分王老板的心思。我不自觉地想起张维迎讲过的中国企业家的七大困惑:

第一个困惑是速度的困惑。 在中国目前的情况下,企业如果不能高速发展,如果每年不能增长百分之几十,就不能算作成功,但高速发展也常常导致企业的崩溃。

第二个困惑是规模的困惑。 企业不搞大不行,没有足够大块头不行,不涉足多个行业不行。但是规模大了,经营多元化,企业也就面临分崩离析的危险。

第三个困惑是与政府关系上的困惑。 中国的企业家与政府的关系是辨证的,没有政府的扶持是干不成事的,是不能发展的。

第四个困惑是家族管理的困惑。 改革开放以后成立的企业,尤其是民营企业、私营企业,基本都是家族化管理,也就是以血缘关系和朋友关系为纽带的控制。企业要发展壮大,要在市场上有竞争力,不走出家族化管理的体制,不利用市场上的人力资源、管理资源,不行。

第五个困惑是利用资本市场上的困惑。 企业的发展一定要获得外部资金,不利用资本市场不行。但是企业家在走进资本市场、获得外部资源的同时,他们最担心的是失去对企业的控制权,而企业的控制权对每一个企业家来说都是非常重要的。

第六个困惑是有关游戏规则的困惑。 中国的体制还存在诸多不足,游戏规则有待进一步完善,如果企业家完全按照规则办事,可能什么事情也干不成,更不用谈发展了。但是不按照规则办事又会带来更大的风险。

第七个困惑是经济全球化的困惑。 中国的改革需要外力的推动。经济的全球化要求政府部门按规范行事,从而为中国的企业家创造更好的制度环境。但与此同时,中国的企业也将面临更加激烈的竞争环境。

中国经济经历了几十年高速发展,涌现了一批批成功的企业家,他们赢得了大众的尊重和追捧。同时,人们目睹了不同行业的兴盛与衰落。此时此刻,房地产从黄金 20 年的高峰走向周期的末端,不少房地产企业接连爆发财务危机,教育培训业正在迅速萎缩，文化传媒业也地震不断。一些企业家随着行业周期而沉浮，随波逐流，身不由己；另一些企业家因为追求高速度、大规模、高市值，被极度膨胀的欲望击垮了。

朋友还是道出了他的困惑和焦虑：自己和企业的最终归属。

我对朋友说，一代人有一代人的责任和使命，每个时代有每个时代的机遇。企业的最终归属是一个没有终极答案的命题，既然是一个终极命题，前辈们就不要再去寻找答案了，还是留给后来人吧。创始人自己的归属，已有很多人在探索和实践。

归属一

在中国经济高速发展的 40 多年中，一代又一代人凭借着敢作敢为的打拼精神、特殊的资源关系，在时代大潮的更替轮回中崛起，成为名冠一方的企业家。其中，不少企业家却在功成名就后，最终惨淡收场，实在令人扼腕叹息。

如果要找出这些企业家落败的共同根源，那就是欲望的极度膨胀，对世事失去了敬畏之心。规律总结：盛极而衰，否极泰来。古往今来，概莫能外，差别只是周期的长短而已。

归属二

"一个伟大的组织能够长期生存下来，最主要的条件并非结构、形式和管理技能，而是我们称之为信念的那种精神力量以及信念对组织全体成员所具有的感召力。"这是美国著名的管理学家托马斯·彼得曾说过的话。

我们接着聊起了稻盛和夫的故事。

从企业本身来讲，成就成功的企业家是企业的核心业务。过去因为专注,企业家们把产品或服务做得出类拔萃,成就了自己的商业帝国。如果坚守这种精神,一如既往、脚踏实地把核心产品或服务继续做精做强,企业就不至于轰然倒塌,除非遭受行业周期、产品技术周期的打击。企业家需要戒除浮躁情绪,防止欲望的过度膨胀。

看似平静的西湖也会有风浪,小船开始起伏摇晃。

任何事物的发展有高潮就有低谷,这是事物发展的必然规律。处于事业顶峰的企业家会有更强烈的忧患意识,担心市场剧变、事业走下坡路、产品和技术被超越等。

时势造英雄,不再贪恋过去的辉煌。成功的企业家,是企业精神的最佳塑造者和传递者,作为对企业最有影响力的人物,他们是企业英雄人物形象的代表。在企业发展平稳后,他们最主要的责任和价值是承担起企业精神领袖的作用;培养优秀的接班人,让他们传承这种企业精神,共同塑造企业之魂,使企业不断向前迈进。

只要企业的精神不倒,企业的灵魂就永远存在,就能继续为社会创造价值,赢得社会的尊重。如果在公众心目中有一定的地位,企业就能对抗大风大浪,就永远充满希望,有前进的动力,这应该算是企业的归属吧。

企业家放手让接班人管理企业,鼓励他们不断超越自己。企业家可以投身于公益事业,回报社会。

朋友的眼中露出了一丝亮光。

也许不少人会问,企业家把时间与精力放在公益事业上,那企业经营和管理会不会被荒废?

不少身体力行的企业家已经回答了这个问题。企业家从事公益事业,主动承担社会责任,有助于树立企业形象,让企业得到社会的认同,得到公众的信赖;使员工有济世的情怀,增加对企业的认同感和自豪感,提高员工的凝聚力,帮助企业塑造更加优秀的文化和企业精神。这在一定程度上也有助于企业增加经营收入。

生命最重要的目标是实现自身的价值,最伟大的目标是实现社会价值。企业家功成身退,从事公益事业,既能帮助企业扩大社会认同感和经营效益,又能实现自己的社会价值。这应该是成功企业家完美的归属吧。

随着小船的摇晃起伏,这位老朋友情绪变得怡然,心情从凝重逐渐变得轻松。

于是,我轻轻地吟诵道:

持而盈之,不如其已;

揣而锐之,不可长保。

金玉满堂,莫之能守;

富贵而骄,自遗其咎。

功遂身退,天之道也。

我们相视会心一笑,朋友的笑容里传递出一丝通透和豁达。此时恰巧一行大雁从头顶飘然而过,它们洪亮的叫声此起彼伏,吸引人们抬头观望。没过多久,它们便消失在远处的山间。天空、大地又恢复了原本的平静。

致谢

我很感激汤超义教授，在成书过程中他给予我精神上的鼓励以及具体的指导意见。汤教授多年笔耕不辍，用自己的行动鼓励我们在这条道路上不断前行。我感谢好友周风学对此书的关心和支持，他将忘年交曾肇河介绍给我，曾先生对此书提出了宝贵的修改意见。我还要感谢老弟吴斌给予我精神上的鼓励和实际行动的支持。

特别要感谢的是我的家人，我的太太承担了几乎全部的家务，并给我提供了一个温馨、舒适、安宁的环境，她切的每一盘水果、沏的每一杯热茶都给予我极大的动力。我的宝贝女儿，在书稿后期修改过程中，不时地提醒我一些关注点，肯定我所写内容的价值，也不时地关心我的身体状况，让我倍感温暖。

我还要感谢其他好友的关心和支持。

参考书目

1. 饶宗颐名誉主编,陈鼓应、蒋丽梅译注:《庄子》,中信出版社2013年版。

2. 饶宗颐名誉主编,陈鼓应、蒋丽梅译注:《老子》,中信出版社2013年版。

3. 饶宗颐名誉主编,张燕婴译注:《论语》,中信出版社2013年版。

4. 饶宗颐名誉主编,赵善轩、李安竹、李山译注:《管子》,中信出版社2014年版。

5. 饶宗颐名誉主编,陈秉才译注:《韩非子》,中信出版社2014年版。

6. 饶宗颐名誉主编,梁万如译注:《商君书》,中信出版社2017年版。

7. 林语堂著:《老子的智慧》,湖南文艺出版社2011年版。

8. 曾国藩著,诸葛静一编撰:《冰鉴的智慧》,中国长安出版社2005年版。

9. 温林著:《曾国藩全书》,新疆柯文出版社、新疆青少年出版社2002年版。

10. 赵朴初著:《佛教常识》,陕西师范大学出版社 2010 年版。

11. [美]米哈利·契可森米哈赖著,张定绮译:《心流:最优体验心理学》,中信出版社 2017 年版。

12. 司马迁著,中华文化讲堂译:《白话史记》,中国华侨出版社 2017 年版。